汽车类高职学生创业指导丛书

普通高等职业教育"十三五"规划教材

# 开一家汽车配件网店

**KAI YI JIA QI CHE PEI JIAN WANG DIAN**

主　编／普磊

副主编／蒋莉　唐梨敏　吴奇恩　刘富军

四川大学出版社

SICHUAN UNIVERSITY PRESS

责任编辑:梁　平
责任校对:杜　彬
封面设计:璞信文化
责任印制:王　炜

**图书在版编目(CIP)数据**

开一家汽车配件网店 / 普磊主编. —成都：四川
大学出版社，2017.10
(汽车类高职学生创业指导丛书)
ISBN 978-7-5690-1248-4

Ⅰ.①开⋯　Ⅱ.①普⋯　Ⅲ.①汽车-配件-网络营销
-高等职业教育-教材　Ⅳ.①F766

中国版本图书馆 CIP 数据核字（2017）第 258397 号

| 书名 | 开一家汽车配件网店 |
| --- | --- |
| 主　　编 | 普　磊 |
| 出　　版 | 四川大学出版社 |
| 地　　址 | 成都市一环路南一段24号 (610065) |
| 发　　行 | 四川大学出版社 |
| 书　　号 | ISBN 978-7-5690-1248-4 |
| 印　　刷 | 郫县犀浦印刷厂 |
| 成品尺寸 | 185 mm×260 mm |
| 印　　张 | 10 |
| 字　　数 | 237 千字 |
| 版　　次 | 2018 年 3 月第 1 版 |
| 印　　次 | 2021 年 7 月第 4 次印刷 |
| 定　　价 | 48.00 元 |

◆ 读者邮购本书,请与本社发行科联系。
电话:(028)85408408/(028)85401670/
(028)85408023　邮政编码:610065
◆ 本社图书如有印装质量问题,请
寄回出版社调换。
◆ 网址:http://press.scu.edu.cn

# 前　言

　　教育部在《关于大力推进高等学校创新创业教育和大学生自主创业工作的意见》中指出:"在高等学校开展创新创业教育,积极鼓励高校学生自主创业,是教育学院深入学习实践科学发展观,服务于创新型国家建设的重大战略举措。"可见,创新型人才的培养已经上升至国家战略高度,成为提高综合国力的重要手段之一,也是培养高素质人才的必由之路。因此,高等教育必须顺应时代的发展,为国家培养符合时代要求的优秀人才。

　　成都市技师学院(成都工贸职业技术学院)汽车工程系源自创立于 1978 年的汽车维修专业,历经近 40 年的教学积淀,以"工精于技、德馨为师"为宗旨,始终坚持"立足交通、面向社会、服务就业、深化改革、全面发展"的办学理念,是学院的骨干系部之一。同时,该学院加入成都市汽车产业联盟,担任成都市汽车专业职教集团常务理事。

　　创新创业(以下简称双创)工作已全面起步,结合汽车专业的特殊性,对双创工作的开展提出更高的要求,管理人员、参与人员、专业学生需要具备更强的创新创造意识和团队协作精神。随着学生视野的开阔,思想独立性的增强,学生将更深入地思考专业与就业之间的关系,将学科专业与兴趣爱好相结合进行选择。

　　互联网的迅猛发展带动互联网经济的繁荣,随着诸如亚马逊、天猫、京东等电商平台的繁荣,人们的消费习惯也随之逐渐改变,越来越多的人开始选择网上购物。21 世纪汽车产业蓬勃发展,汽车用品的需求量势必会大涨,市场前景相当可观。

　　成本优势使得跨国零部件制造企业不断将产业基地向我国转移;民族零部件龙头企业竞争实力增强,出口量快速增长,国际并购谋求技术升级成为主要发展方向;行业之间并购重组进程加快,新的零部件巨头正在形成。

　　面对世界汽车配件行业的快速崛起,我国汽车配件技术逐渐向产品环保化、通用化、信息交换网络化发展。目前,我国的汽车配件市场极不成熟,甚至落后。汽车配件整体体系极不规范,存在许多严重的问题,诸如市场管理混乱、产品质量良莠不齐、假冒伪劣泛滥、售后服务不健全、价格混乱等。面对广阔的市场前景与需求,更需要认清市场形势与发展方向,这也是编辑出版该书的初衷,希望给予从事汽车配件网络销售服务领域的创业者一些帮助。

　　本书由成都市技师学院(成都工贸职业技术学院)汽车工程系的普磊、蒋莉、唐梨敏、吴奇恩、刘富军五位从事该领域的资深教育工作者编写,内容主要包括汽车配件市场概述、开店准备、人员设置及相应政策法规、网络营销、汽车配件种类及管理五个章节。

　　由于编者水平有限,书中不足之处望广大读者批评指正。

编　者

# 目　　录

第一章　汽车配件市场概述……………………………………………………（1）

第一节　汽车配件行业发展趋势………………………………………………（1）

第二节　市场营销及汽车配件市场分类………………………………………（14）

第三节　汽车配件市场调研基本内容…………………………………………（17）

第二章　开店准备………………………………………………………………（21）

第一节　网上开店早知道………………………………………………………（21）

第二节　企业注册登记…………………………………………………………（34）

第三节　企业线上开店…………………………………………………………（39）

第三章　人员设置及相应政策法规……………………………………………（45）

第一节　人员设置及岗位职责…………………………………………………（45）

第二节　人员的考核与激励机制………………………………………………（49）

第三节　相应政策与法律法规…………………………………………………（59）

第四章　网络营销………………………………………………………………（70）

第一节　店铺装修………………………………………………………………（70）

第二节　各平台规章制度简介…………………………………………………（80）

第三节　平台店铺后台基础功能操作…………………………………………（92）

第四节　影响店铺转化率的因素………………………………………………（102）

第五节　官方活动概述…………………………………………………………（113）

第六节　营销工具………………………………………………………………（120）

第五章　汽车配件种类与管理…………………………………………………（129）

第一节　汽车配件分类…………………………………………………………（129）

第二节　汽车配件采购…………………………………………………………（132）

第三节　汽车配件库存管理……………………………………………………（137）

参考文献…………………………………………………………………………（151）

# 第一章　汽车配件市场概述

汽车配件行业作为整个汽车领域的先驱，是汽车工业发展的基础，其前端行业主要为钢材、石油、有色金属、天胶、布料及其他相关材料，后端行业主要为整车装配及后市场维修服务。汽车配件行业的市场前景主要取决于整车销售市场和服务维修后市场的发展。近年来，随着整车消费市场和服务维修市场的迅猛发展，我国的汽车配件行业发展迅速，且发展趋势良好，不断转型升级。

## 第一节　汽车配件行业发展趋势

### 一、发展趋势

（一）现状

据中国汽车工业协会统计，2016 年我国汽车产销较快增长，产销总量再创历史新高，全年汽车产销分别完成 2811.9 万辆和 2802.8 万辆，比上年同期分别增长 14.5％和 13.7％，高于上年同期 11.2 和 9.0 个百分点。12 月，汽车产销分别完成 306.3 万辆和 305.7 万辆，单月销量首次突破 300 万辆，产销比上月分别增长 1.7％和 4.0％，比上年同期分别增长 15.0％和 9.5％（见图）。

近几年，随着汽车行业的迅猛发展，中国汽车配件行业保持迅速增长。根据 2013 年末 74 家在沪、深股市上市的配件企业三季度报来看，74 家汽车配件企业总营业收入约为 2522.38 亿元，超 7 成的企业营业收入相比去年同期稳定增长。由此可见，目前中国供应商的利润较高，成为全球同类行业盈利水平最高的国家。然而，中国汽车配件产业达到全球最高的盈利水平并不意味着中国汽车配件行业拥有了更多的专利和核心技术，实际上除了规模以外，汽车配件较国际先进水平仍有较大差距。

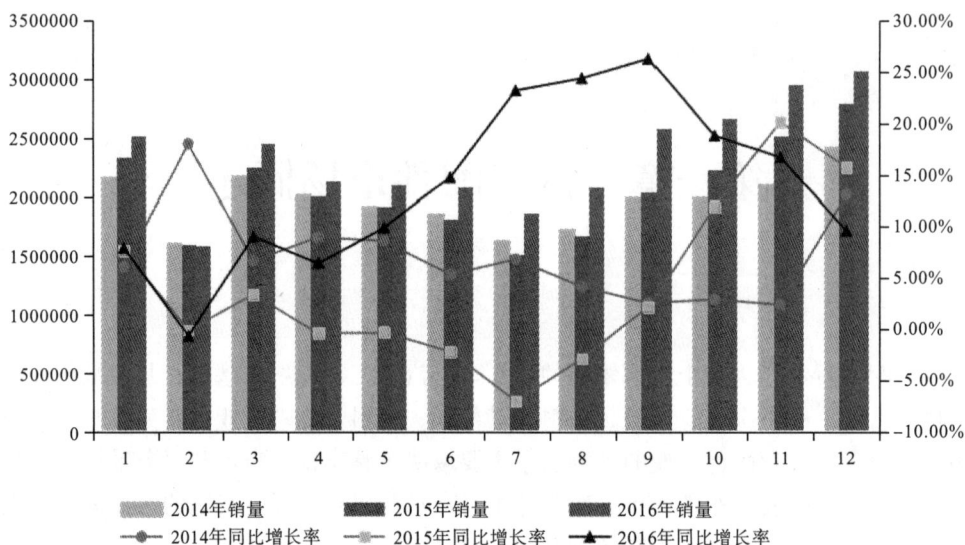

2014—2016 年月度汽车销量及同比变化情况

数据来源：中国汽车工业协会

国际三大汽车制造强国对比：

（1）美国的整车制造商正在越来越多地向配件供应商外包其关键配件的设计与生产，这一趋势除了使得整车制造商们将更多的资本集中于开发具有革命性创新的车型外，更促进汽车配件企业迅猛发展。

（2）德国是世界顶尖汽车制造强国，以德国为代表的欧洲汽车工业的研发重点是提高汽车质量、改善安全性能、降低能耗。在巩固自身生产的同时，德国各大汽车厂家继续加紧实施全球化战略，加大在全球尤其是汽车市场增长较快的亚洲和东欧地区的投资，扩大海外生产规模。整车生产企业的加工深度进一步降低，更多的加工和研发任务转移到汽配企业。德国汽配行业企业则不断技术创新、扎根市场、贴近用户，进行全球布局，充分利用各地有利资源，提高自身的竞争力。

（3）日本汽车配件企业的发展与日本本土汽车整车生产的发展紧密相关，这与日本汽车行业长期的一荣俱荣、一损俱损的组织生产模式有关，或者说与日本车企及配件生产商之间错综紧密的公司架构、资本构成、研发机制有关。如丰田集团旗下的日本电装、爱信精机、丰田自动织机主营业务就是汽车零部件，汽车配件的利润远远高于汽车整车。丰田汽车主要负责销售，丰田通商主要负责上游原料和下游原料控制以及为丰田汽车做好基础。丰田汽车为保障各分公司的利益最大化，已控股集团旗下所有分公司，这种稳健的结构让丰田的发展形成了一个良好的闭环。也就是说，日本厂商没必要去采用其他欧美工厂的产品，保证了配件企业的持续发展。

### 2016 年全球汽车零部件配套供应商十强榜

| 排名 | 公司 | 总部所在地 | 2015 年配套业务营收（亿美元） |
|---|---|---|---|
| 1 | 罗伯特·博世（Robert Bosch） | 德国 | 448.25 |

| 排名 | 公司 | 总部所在地 | 2015年配套业务营收（亿美元） |
|---|---|---|---|
| 2 | 电装（DENSO） | 日本 | 360.30 |
| 3 | 麦格纳国际（Magna International） | 加拿大 | 321.34 |
| 4 | 大陆（Continental） | 德国 | 314.80 |
| 5 | 采埃孚（ZF Friedrichshafen） | 德国 | 295.18 |
| 6 | 现代摩比斯（Hyundai Mobis） | 韩国 | 262.62 |
| 7 | 爱信精机（Aisin Seiki） | 日本 | 259.04 |
| 8 | 佛吉亚（FAURECIA） | 法国 | 229.67 |
| 9 | 江森自控（Johnson Controls） | 美国 | 200.71 |
| 10 | 李尔（Lear） | 美国 | 182.11 |

数据来源：《美国汽车新闻》（Automotive News）2016年全球汽车零部件配套供应商百强榜

综上，纵观世界三大汽车体系，美国、德国、日本之所以能够成为汽车强国，除了拥有一批强大的整车厂商外，还在于其背后"矗立"着一批强大的配件公司：美国通用背后有德尔福、伟世通，德国大众背后有博世、西门子，日本丰田、本田背后有电装和爱信等。业内人士表示，近年来，我国国内汽车配件产业规模增速虽快，但由于产业技术含量不高，并受国外厂商的挤压，深陷"内忧外患"之中，已成为制约中国汽车产业做大做强的主要"短板"之一。

### （二）我国汽车配件产业面临的挑战

#### 1. 外资垄断，核心技术缺失

中国汽车零部件工业缺少自主知识产权的核心技术、关键技术，主要产品仍处于供应链的低端，关键部件的核心技术被外资企业垄断，零部件出口技术附加值低，资源消耗大，缺乏品牌效应，极大地制约了汽车工业的自主创新与自主研发。由于核心技术的缺失，我国的发动机、变速箱以及底盘在内的汽车产业三大关键零部件技术几乎全面落后于国际先进水平，进口比例高达60%，更有不少高附加值的关键零部件几乎全靠进口来维持。目前，国内高端零部件产品基本被外企垄断，全中国自动变速箱的销量约有几百万台，而由中国本土零部件厂商提供的不到2万台，中国自主研发的自动变速箱基本为零。大陆、博世、德尔福、万都、艾德克斯、万利等6家外资企业几乎包揽国内液压ABS的生产，西门子、德尔福等4家企业的EMS产量占全国总产量的80%，传感器、电子芯片等高端核心技术几乎百分之百掌握在外资手里。虽然中国有世界最多的零部件制造企业，也有大批产品出口海外，但都局限于轮毂、车轮、转向节等劳动密集型、技术含量低、附加值低的产品，仍处于跨国采购链的底端。

近期的中国汽车流通市场，一边是自主品牌市场占有率正在不断提升，另一边是中国政府积极促进汽车工业加紧步伐跨入2.0时代。可以看到，政府已经在整车制造端、销售渠道体系、二手车市场流通三方面的改革发展给予了大力的政策支持，时间之紧密以及力度之大也是前所未有。

## 2. 汽车配件企业研发不足

2017年4月25日，工信部、发改委、科技部等三部委联合印发了关于《汽车产业中长期发展规划》的通知，这是我国政府首次以正式发文形式表态，将开放合资企业股比限制。

同时需要注意，对汽车配件方面的规划有重强调，提出推进全产业链协同高效发展，构建新型"整车－零部件"合作关系，建立安全可控的关键零部件配套体系，反映出政府对新技术革命的深刻认识和理解。

汽车评论人赵英表示："'全产业链实现安全可控'是一个很好的新提法，既突出了核心汽车零部件的重要性，指出了中国成为汽车工业强国必须跨越的门槛，同时强调了作为一个汽车强国应该具有的产业安全体系。"

核心部件的供应如发动机、变速箱是一辆车的技术核心。以美国为例，《当地成分法案》曾规定，当地配件使用率达到70％以上方才能被列为美国国产车。

我国政府在这个节骨眼上提出构建新型"整车－零部件"合作关系，全产业链实现安全可控，正是为了使中国汽车工业在奔涌而来的技术革命大潮中站稳脚跟。

规划首次提出智能网联汽车的推进步骤："到2020年，汽车DA、PA、CA系统新车装配率超过50％……到2025年，汽车DA、PA、CA新车装配率达80％，高度和完全自动驾驶汽车开始进入市场。"

在新技术革命中，汽车工业面临着重组和巨变，新能源汽车及智能网联汽车能否成功，取决于能否整合产业外的核心技术能力，如果用市场换不来技术，那么在吸取传统汽车工业教训的基础之上先下手为强，把控汽车新技术领域的核心技术方为上上策。

## 3. 高端人才短缺，缺乏创新

面对长期以来只能以仿制为主的汽车配件产业，人才尤其国际化高端人才的匮乏，已经成为掣肘中国汽车配件产业发展的关键。目前科技人才极度短缺，培养体系不健全，技术人才流失严重。中国大部分自主配件零部件企业仍停留在来图加工、样品测绘阶段，面对整车厂推出的新车型、新品种、新技术快节奏的高需求，很多自主配件企业只能疲于应付任务，无暇顾及自身基础研发水平与配套能力的提升。

同样的问题也困扰着中国自主品牌的整车生产企业。目前我国汽车配件企业规模普遍小型化、微型化，十分制约自主创新资源投入。国内自主品牌汽车配件企业虽然多达数万家，占我国汽车配件企业总数的80％以上，但年销售额仅占国内销售总额的20％，处于小型、微型的汽车配件企业，主要目标仍是维持企业生存，无力进行技术升级与创新投入，导致各企业产品之间同质化现象严重，只能通过不断地降价来争取市场份额。而长期在低端市场的恶性竞争，又进一步限制了企业的后续研发创新能力，使这些中小零部件企业陷入了"低质低价"的恶性循环。

显然，模仿已成为阻碍我国汽车配件水平提高的一大痼疾。从模仿起步到形成自主创新能力，要经过很长的过程。在面对跨国公司对高端技术的垄断和国内汽车市场对外资高度开放的大环境下，很少企业有这样的耐心。由于中国汽车市场需求旺盛，而模仿投入少、见效快，不少企业把模仿作为生存的主要手段，乐此不疲，并且还误认为产品核心技术靠模仿就可以掌握，所以只重视制造设备的引进、更新升级，不重视研发投入，因此出现高端设备生产廉价低端产品的普遍现象，同时也使得我国配件企业获得国外先进技术的途径越来越窄。

4. 我国自主研发汽车配件主要用于自主品牌汽车，市场占有率低

商务部的数据显示，外资控制了汽车零部件的绝大部分市场份额，拥有外资背景的汽车配件厂商占整个行业的75%以上，在这些外资供应商中，独资企业占55%，中外合资企业占45%。而我国自主品牌汽车配件销售收入仅占全行业的20%～25%，主要应用于自主品牌汽车，市场占有率低。在汽车电子和发动机零部件等高科技含量领域，外资市场份额高达90%，其中，汽车的电喷系统、发动机管理系统、ABS和安全气囊、自动变速器等核心零部件所占比例分别是100%、100%和91%、69%。

近几年，整车企业的产品销售收入每年平均增长28.75%，而汽车配件企业的产品销售收入每年平均增长36.82%，高出行业平均水平。作为中国汽车行业的发展支撑，零部件产业的发展不仅仅是规模数量的攀升，更重要的是产业的升级，以及随之而来的持续发展能力，目前中国汽车配件产业呈现以下趋势：

①趋向产业集群化发展。

随着近年吉林长春、湖北十堰、安徽芜湖、广东花都、京津冀环渤海经济圈等汽车配件产业基地的迅速崛起，我国现已基本形成东北、京津、华中、西南、长三角、珠三角等六大零部件的集中区域。目前国内以汽车配件为主的各种产业园区达1000多个，其中关键的集群区或地带超过100个。

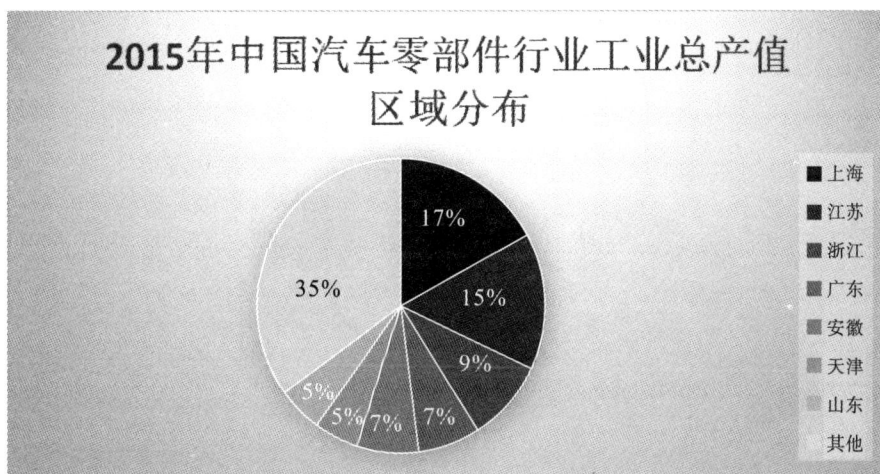

数据来源：中国产业信息网

产业集群是指在特定区域中，具有竞争与合作关系且在地理上集中，有交互关联性的企业、专业化供应商、服务供应商、金融机构、相关产业的厂商及其他相关机构等组成的群体。不同产业集群的纵深程度和复杂性相异，代表着介于市场和等级制之间的一种新的空间经济组织形式。许多产业集群还包括由于延伸而涉及的销售渠道、顾客、辅助产品制造商、专业化基础设施供应商等，政府及其他提供专业化培训、信息、研究开

发、标准制定等的机构，以及同业公会和其他相关的民间团体。

因此，产业集群超越了一般产业范围，形成特定地理范围内多个产业相互融合、众多类型机构相互联结的共生体，构成这一区域特色的竞争优势。产业集群发展状况已经成为考察一个经济体或其间某个区域和地区发展水平的重要指标。

四川省外：

2010年初，以柳州为龙头，辐射桂林、南宁、玉林的广西汽车配件产业集群正式启动。以开发新型、新能源汽车与发动机为突破口，培育自主品牌，共同突破产业发展的技术瓶颈，形成新的竞争优势。

四川省内：

南充提出"南充新未来·成渝第二城"，要实现这一美好愿景需要强劲的产业支撑。南充提出培育"五大千亿产业集群"，汽车汽配产业集群位居其首。2015年南充汽车汽配产业产值为519.6亿元，现有正在实施的汽车汽配项目将在2018年产生251.3亿元的产值，届时总产值将达到770.9亿元，完成第一阶段目标。2016年推出的汽车汽配包装项目将有91.2亿元的投资额，根据当年的招商情况，未来几年汽车汽配产业可完成137.9亿元的投资额，可保证在2020年实现汽车汽配千亿产业集群。

经过深入调研，集中各方智慧，未来5年，南充汽车汽配产业将实施"四个一工程"（即打造一个基地、完善一个链条、构建一个体系、创建一个平台）和"四个专项行动"（即空间集聚、主体培育、创新引领、环境提升），以实现打造千亿元产业集群的目标。

产业定位上，将按照"一核两区五片"的空间布局（嘉陵新能源汽车产业园一个核心基地，顺庆、高坪两个中心配套区，西充、南部、营山、蓬安、仪陇5个零部件配套片区）进行发展。

信息来源：2016年9月12日《四川日报》

②系统化模块化发展促进能力提升。

陕西汉德公司向印度AMW汽车公司出口车桥技术是中国汽车总成技术的第一次出口突破。汉德的尝试从侧面显示着中国汽车配件在出口方面的变化，汽车零部件的出口正由单一的产品型开始向资本输出型和技术型转变，由劳动密集型、材料密集型的低端产品开始向附加值高的机电类产品转变，出口市场由售后逐渐渗透到跨国公司全球供应配套链，自主知识产权零部件的出口比重不断加大。

近几年，中国迅速崛起一批创新型零部件企业，如万向集团、陕西法士特、福耀玻璃、信义玻璃、广西玉柴、深圳航盛、浙江银轮、南京奥特佳等，这些企业专业化细分市场，通过持续创新摸索从而掌握了先进产品的核心竞争力。据统计，当前汽车配件产业已拥有十几家国家级高新技术企业和超过百家省级高新技术企业。创新能力的提升，尤其是核心汽车配件创新能力的提升，使自主品牌拥有新的市场位置。发动机是汽车的"心脏"，国内汽车厂商奇瑞、上汽已推出具有自主知识产权的发动机，成为专业的发动机生产商，广西玉柴更是拥有自主开发和国内外市场参与竞争的战略性优势。

③趋向海外收购模式，跨国企业参与全球竞争。

目前我国汽车配件企业仍面临着高端产品无竞争力、低端产品劳动力成本趋高的双重压力，落后国际先进水平至少十年，要想在人才及技术缺乏的情况下短期内实现飞跃发展则需借助资本的力量。因此，未来有两类企业将实现快速发展：一类是通过海外并购获得技术的企业（案例1）；另外一类是与汽车集团有血缘关系，借助集团实力实现规模化经营的企业（案例2）。

**案例导读 1**

## 天宝集团海外并购案

2010 年 7 月 12 日，北京太平洋世纪汽车系统有限公司（简称"PCM"）收购美国通用汽车旗下的 NEXTEER 公司全球转向与传动业务签约仪式在美国底特律通用汽车总部正式举行。中国最大的汽车零部件海外并购案由此诞生。

PCM 这家陌生公司的股东名单里，一个熟悉的名字——民营企业天宝国际集团（以下简称天宝）再度出现。此前，这家零部件企业被媒体广泛关注是因为"一悲一喜"两件事。一是，在 2009 年初，因外汇合约巨亏，其曾迫使旗下香港上市公司北泰创业（02339，HK）走上临时清盘道路，几乎成为在金融危机中汽车零部件业倒下的第一大企业。另外一次则是在收购国际著名零配件公司德尔福部分资产并购案中，天宝以股东身份出现在并购主体公司京西重工里。此事曾被视作在经济危机时最大一起抄底海外汽车零部件资产案。

借助两次成功并购，原本被经济危机拖累得回天乏力的天宝集团，意外成为经济危机的真正受益者，迎来重生。

而在天宝集团频繁现身国际并购案背后，政府推手角色凸显。随着两次并购案的诞生，北京市政府的"大汽车"产业规划也浮出水面。

天宝重生

在复牌计划中，天宝对战略进行局部调整，由过去的出口为主，变为加大中国业务，目标是 50% 以上的份额。北泰中期报告曾显示，2008 至 2009 年上半年，北泰的业务结构为美国占 39%，加拿大占 22%，欧洲占 18%，而中国为 21%。如此一来，两次并购中，天宝均以小股东身份出现。

一位接近两次交易的人士透露："两次并购中，天宝集团几乎没有太多的现金投入。天宝本身就缺钱，否则北泰也不会走上临时清盘之路，其提供更多的是多年国际业务中积累的丰富国际资源、敏锐嗅觉以及在收购过程中不可或缺的谈判操作。"

该人士还分析："无论股比多少，天宝都是其中的受益者，两次在底盘系统方面国际先进公司的收购，无论是技术上，未来客户资源上，甚至行业影响力上对其帮助重大。"

这种说法得到了 PCM 财务顾问公司莫里斯公司执行董事 Justin Mirro 的赞同："对亦庄国际和天宝集团来说，这是一次拥有一个具有百年历史、千项专利、全球制造能力和近 1100 名工程师的世界一流、技术领先企业的绝好机会。"

实际上，在两次名声大噪的国际并购之前，天宝集团曾被称为国内"零部件传奇"企业。自 1984 年成立以来，天宝已经成为全球 OEM 客户服务综合汽车零部件供应商，有着 20 余年技术积累，在美国底特律和洛杉矶设立了中央技术研发中心，拥有多个车型平台、完整的技术开发数据库，已能够承担整车的造型设计工作，以及底盘和动力总成部分的设计和开发工作。

从 1997 年 6 月首次在安徽蚌埠批量投产开始，北泰仅用了 7 年时间就成了中国汽车零部件的百强企业，并成功进入上海通用、克莱斯勒和北京奔驰的配套体系。

只是经济危机的到来令以出口为主的天宝集团陷入了外汇合约巨亏的境地，并在 2009 年 2 月 6 日向香港特别行政区高等法院提出北泰创业的清盘呈请。

就在外界评价北泰成为中国汽车行业在金融危机中倒下的第一案时，天宝迅速完成了上述两次轰动业界的国际并购。

"天宝对两次并购对象已经研究了两年的时间，由于资金紧张无法进行。在获知北京市政府有借助经济危机海外抄底，做大汽车业的想法后，天宝迅速与政府达成一致，联手海外并购。"接近两次交易的人士透露。

**案例导读 2**

## 宁波汽车零部件企业海外并购渐成趋势

2011 年，继宁波均胜集团收购德国老牌汽车零部件供应商普瑞公司、宁波圣龙集团收购"世界 500 强"美国博格华纳集团旗下的 SLW 汽车股份有限公司之后，宁波华翔电子股份有限公司与全球第二大天然桃木高档轿车内饰件供应商——德国 Sellner 公司在宁波签署协议，出资近 3000 万欧元收购外方的资产、业务。宁波市汽车零部件企业海外并购渐成趋势。

宁波华翔是一家专业从事中高档轿车零部件研发、生产销售及售后服务的汽车零部件制造厂，2005 年 6 月 3 日在深圳证券交易所中小板上市。

总部在德国巴伐利亚州的 Sellner 集团，成立于 1945 年，是全球高档轿车内饰件行业的领先者，其中天然桃木高档轿车内饰件拥有 20% 的全球市场份额，与宝马、戴姆勒（奔驰）、大众、奥迪、通用、福特等知名整车厂都建立了长期供货关系，在多个国家拥有生产制造基地和销售服务中心。本次收购 Sellner 属于 Sellner 集团的核心业务——天然桃木和塑料汽车内饰件业务，它的总产值约为 11500 万欧元。

宁波市外经贸局副局长李新华说，跨国并购对宁波华翔来说是实现这一目标的最佳途径，通过国际并购获取国外先进技术，提高企业研发水平和管理能力，利用海外现有的销售渠道和客户资源，完成全球化布局，以提高在汽车零部件行业的整体竞争力。

通过收购德国 Sellner 公司，宁波华翔在全球木制内饰件市场份额中占据到第二的位置，同时使宝马、通用能成为公司重要客户。

谈起此次交易目的，宁波华翔电子股份有限公司董事长说："与整车制造行业一样，目前主要的汽车零部件制造企业大多分布在美国、欧洲、日本等发达国家。而在中国、印度等国家整车制造企业高速发展，但很少有综合实力强大的本土零部件企业。因此，企业兼并重组是我们零部件行业发展的方向，掌握核心技术，提高市场占有率。"

他表示，跨国收购是一项复杂的交易，也存在企业运营风险、市场风险、价格风险、劳工风险、汇率风险等各种风险。但宁波华翔已经落实了各种应对措施，选择熟悉的木制饰件行业，收购前聘请国际一流中介机构进行调查，与购并企业的主要客户沟通。

目前，宁波华翔、均胜、圣龙的汽配产品已经为奔驰、宝马、通用、福特、克莱斯勒、奥迪、大众、本田、丰田等国际著名汽车厂配套，借助各类收购并购，有望成为全球顶级汽车品牌的一级供应商，今后还能以人员互派等形式学习对方先进的管理体系。

④加快国内汽车配件企业兼并重组，提速发展。

全球汽车配件行业的整合力度远大于整车行业，中国汽车配件行业特别是 OE（汽车配件）配套市场终将会迎来巨大的整合浪潮。近几年，海外配件巨头纷纷合资合作抢滩登录中国，德尔福、威斯卡特、康明斯等诸多外资企业制造商早已在中国建成了数十个生产基地和分公司，如今外资对中国汽车配件的控制高达 70%~80%，尤其是日系厂商和韩系厂商的供应链几乎不对中国本土供应商开放，导致了中国厂商失去了与整车企业共同发展的机会。目前全球领先的汽车零部件巨头们纷纷依附主机厂做配套，比如德尔福附之于通用，借主机厂迅速发展壮大。或者成为独立式系统供应商，以德国博世集团为代表。目前国内 A 股上市的汽车零部件配件企业中以东风科技、一汽富维、启明信息为代表的属于前者，以万向钱潮、宁波华翔、淮柴动力、福耀玻璃为代表的属于后者。中国汽车零部件配件行业较整车行业更加混乱，超过 5000 家零部件配件供应商、自主零部件企业生存状况堪忧。外资在中国零部件配件市场已经占到 60% 以上的市场份额，在轿车零部件行业占到 80% 以上。因此中国汽车零部件配件企业要想在未来国际化市场竞争中占有一席之地，最快捷的方式就是通过兼并重组形成规模化的企业集团。

## 二、互联网产业融合趋势

### （一）互联网与传统产业融合已成趋势

互联网融合传统产业已成为新的业态趋势，在人们生活方式逐渐顺应时代变化的同时，电子产品、服装、食品等产业已高度融合互联网。据公安部交管局统计，截至2016年底，全国机动车保有量达2.9亿辆，汽车产业领域也是如此。在新业态新模式互联网产业冲击下，传统汽车产业如生产、销售、服务等业务都在新形势下发生着变化。

随着私家车的不断增加，汽车后市场发展迅速，汽车配件市场容量扩大，作为汽车产业链上的重要一环，汽车配件行业近年在产品、营销模式等方面屡有创新，互联网电商逐渐成为汽车配件销售的主要渠道之一。越来越多的汽车配件商户采用电商模式，汽车配件市场电商模式将与线下实体一起发力，未来汽车配件市场电商模式发展潜力无限。

据国家统计局数据显示，2015年年末全国民用汽车保有量达到17228万辆（包括三轮汽车和低速货车955万辆），比上年年末增长11.5%。其中私人汽车保有量14399万辆，增长14.4%；民用轿车保有量9508万辆，增长14.6%，其中私人轿车8793万辆，增长度递增。汽车配件巨大的市场将促使电商化模式快速发展。

### （二）融合形式多样

### 1. 重点打造研发车联网技术

根据中国物联网校企联盟的定义，车联网（Internet of Vehicles）是由车辆位置、速度和路线等信息构成的巨大交互网络。通过GPS、RFID、传感器、摄像头图像处理等装置，车辆可以完成自身环境和状态信息的采集；通过互联网技术，所有的车辆可以将自身的各种信息传输汇聚到中央处理器；通过计算机技术，这些大量车辆的信息可以被分析和处理，从而计算出不同车辆的最佳路线，及时汇报路况和安排信号灯周期。

车联网概念引申自物联网（Internet of Things），根据行业背景不同，对车联网的定义也不尽相同。传统的车联网定义是指装载在车辆上的电子标签通过无线射频等识别技术，实现在信息网络平台上对所有车辆的属性信息和静、动态信息进行提取和有效利用，并根据不同的功能需求对所有车辆的运行状态进行有效的监管和提供综合服务的系统。

随着车联网技术与产业的发展，上述定义已经不能涵盖车联网的全部内容。根据车联网产业技术创新战略联盟的定义，车联网是以车内网、车际网和车载移动互联网为基础，按照约定的通信协议和数据交互标准，在车-X（X指代车、路、行人及互联网等）之间，进行无线通信和信息交换的大系统网络，是能够实现智能化交通管理、智能动态信息服务和车辆智能化控制的一体化网络，是物联网技术在交通系统领域的典型应用。

2013年8月27日，由中国汽车工程学会发起成立的"车联网产业技术创新战略联盟"在北京正式成立。该联盟由包括15家整车厂在内的共30家单位组成，成员涵盖了汽车制造商、移动通信运营商、硬件设备制造商、软件服务提供商及有关科研院所。联盟旨在通过联合各相关行业的力量，协同攻关、协调发展，在推进Telematics车载应用服务之外，重点推动车联网技术对于汽车安全性与经济性等性能提升的应用。

2015年1月22日，百度官方正式宣布，百度车联网战略将于2015年1月27日正式发布。至此，包括腾讯、阿里巴巴、百度在内的互联网三巨头全部参战车联网系统争夺战。

**案例导读：**

## 浙江亚太机电股份有限公司战略转型

2015年6月底，浙江亚太机电股份有限公司（简称"亚太股份"）斥资8200万元入股钛马信息网络技术有限公司（简称"钛马信息"），获得钛马信息11.88%股权，目的是实现车联网与汽车智能驾驶技术的快速融合，同时进一步布局车联网和智能驾驶领域。

围绕"打造智能汽车生态园"的目标，亚太股份以基础制动及电子辅助制动领域的研发经验，结合汽车智能化、电动化的未来发展趋势，通过对钛马信息股权投资，加快环境感知、主动安全控制、移动互联的智能驾驶领域布局，向车联网技术延伸。钛马信息定位于车载移动互联网服务运营商，目前主要客户包括整车企业、汽车经销商、汽车租赁公司等，旗下"钛马星"车联网综合应用系统已经向市场推广。

亚太股份要建立的是具备环境感知能力的集成系统，逐步实现高级辅助驾驶、半自动驾驶、自动驾驶到连接社会更多资源的无人驾驶。汽车将从过去封闭独立的交通工具成为开放的可采集、传播各种信息的互联网终端平台。

在亚太股份看来，"互联网＋"并不是泛泛的概念，在拥抱"互联网＋"的过程中，汽车零部件企业要根据企业业务特点从事相关项目研发。车联网技术是汽车智能化不可或缺的一部分。亚太股份未来还将会在雷达等新型传感器技术方面进行布局和突破，与合作方进行更深度的整合。

传统汽车零部件企业在智能汽车产业中扮演的角色是制造具有感知能力、执行能力的终端平台。联通、移动等公司职责是车车之间、车与云端之间通信网络的建立，而谷歌、百度等互联网公司主要负责大数据管理等。

面对"互联网＋"的大趋势，汽车零部件配件企业要以全局眼光来理解，看清、看懂产业链上的每个节点，战略目标明确，找准企业定位，扎扎实实练功底，适时对外投资入股，整合上下游技术供应商，做一个汽车智能化技术的制造者。

信息来源：《中国汽车报》

2. 搭建电子商务平台进行零部件配件的销售和服务

电子商务平台是一个为企业或个人提供网上交易的平台。目前的网络销售商家一方面处于无序的方式发展，造成重复建设和资源浪费；另一方面，商家业务发展比较低级，很多业务仅以浏览为主，需通过线下方式完成资金流和物流，不能充分利用Internet无时空限制的优势。因此有必要整合业务发展系统，规范电商业务的开展，提供完善的网络资源、安全保障、安全的网上支付和有效的管理机制，有效地实现资源共享，实现全方位的电子商务平台。

通过电子商务平台展示、宣传，销售产品越来越趋于大众化。电子商务平台可以帮助中小企业甚至个人自主创业、独立营销，达到快速营利的目的。

发展汽车产业电子商务不是一两家公司就能够推动的产业，需要更多专业人士共同参与，共同发展。汽车配件电子商务平台应用也是本书重点，尤其是针对个人或小微企业，后面篇章将会重点阐述。

**案例导读：**

## 风神轮胎股份有限公司建设电子商务平台

在"互联网＋"思维浪潮下，零部件配件企业的网络销售模式主要有两种：一种是企业自身搭建电子商务平台，另一种是依托第三方平台开设官方旗舰店或网店。轮胎制造商是运用这两种模式的突出代表。

风神轮胎股份有限公司（简称"风神轮胎"）即是这方面的前沿企业。不仅在天猫与京东两大电商平台搭建官方旗舰店，还在微信搭建微商城。线下平台则创立了支持线上销售的售后服务品牌——爱路驰，消费者在线上购买轮胎，可以选择在就近的线下门店享受后期服务。

风神轮胎还通过其他方式探索属于自己的电商之路。选择与垂直电商合作也是未来企业电商之路的规划之一。线上线下销售渠道相融合的最大阻力是如何加强与第三方合作，这也是风神轮胎布局"互联网＋轮胎"最重要的一步。风神正在与第三方物流公司洽谈合作，希望解决零售店小批量供货的高成本物流难题。此外，提高轮胎管理的信息化水平也是"互联网＋"的重要布局，风神正在与意大利某技术公司谈合作，双方将共同完成正在研发的CY－BERFLEET（数字化车队）项目，专为车队提供服务与解决方案。通过互联网信息化技术帮助车队管理轮胎，实时监测到每一条风神轮胎的状况信息，如气压、温度、磨耗程度等，可以有效减少车队的运输成本，这是未来风神电商销售模式的一个重要环节。

汽车零部件配件企业"触电"并非简单地在网络平台销售产品。鉴于汽车零部件产品的特殊性，汽车零部件电子商务模式未来能否发展壮大亟待解决的是如何将电商渠道与传统渠道有机融合，用"零部件＋诊断＋服务"的解决方案使线上线下全面贯通。

信息来源：《中国汽车报》

### 3. 汽车配件企业与互联网公司跨界合作

依托互联网公司强大的网络技术和资源丰富的信息平台，着力于配件产业的平台研发，双方互助互利，在互联网模式下冲击汽车零配件配件领域。

**案例导读：**

## 德尔福与百度合作案例

德尔福通过与百度合作将"Car-life"整合到德尔福的下一代车载互联信息娱乐平台中，整合了包括 Carplay、Android Au-to、Mirror Link 等多种最新的车载互联技术，并且可升级、可扩展。与更多车载互联平台进行整合，同时能帮助驾车者将车载系统与任何类型的移动设备在任何时间和任何地点实现无缝连接，实时共享导航、媒体、文本、电话等各种功能。

CarLife 是百度在 2015 年 1 月 27 日推出的关于车联网的解决方案，宣称可与 Linux、QNX、Android 适配。在用户端，CarLife 可以非常好地支持 Android 和 iOS 智能操作系统，能够覆盖到 95% 以上的智能手机用户。据悉，CarLife 还是全球范围内兼容性最强的车联网标准之一，也是国内第一款跨平台的车联网解决方案，目前最重要的三大功能是地图导航、电话和音乐。

通过与百度 Carlife 深度合作，德尔福让用户能够更加顺畅、随时随地使用中国本地的服务内容，从而为用户带来更好更优的体验。德尔福亚太区娱乐与驾驶信息系统工程总监介绍："凭借德尔福和百度在汽车技术与互联网服务方面的优势，双方的合作将进一步强化德尔福车载互联产品在中国市场上的独特价值，并为本地用户带来更便利的互联体验，也更容易被众多国内整车厂所认可。"这正好印证了德尔福中国区总裁在接受媒体采访时所说的，中国提出"互联网+"，是指企业 DNA 中必须要有创新因子，通过百度平台，德尔福可以更从容地进入中国车联网服务领域。

信息来源：《中国汽车报》

互联网产业与汽车产业越来越紧密，传统边界日益模糊，当下国家大力促进新能源汽车推广和普及，国际上，微软、苹果和谷歌等新兴巨头觊觎新能源汽车和互联网融合带来的新机遇并有所行动，而在国内，乐视、阿里、百度、博泰和蔚来等纷纷杀入汽车领域。连锁全球汽车产业正处于一个前所未有的大变局中，同样汽车配件行业发展趋势也随着发生变化。

**习题：**
查询你所在省市汽车配件制造企业，搜集企业介绍、生产产品类别等信息。

# 第二节　市场营销及汽车配件市场分类

## 一、市场营销

### （一）来源

市场营销一词由英文"Maketing"而来，20世纪初源于美国，体现着一种全新的现代经营思想。其核心是以消费者需求为导向，消费者或客户需要什么就生产销售什么。这是由外向内的思维方式，与传统的以现有产品吸引寻找顾客的由内向外的思维方式恰恰相反。

企业大都设有销售部门，但随着市场经济的发展，竞争日趋激烈，竞争对手日益强大，竞争策略层出不穷，销售部已经无法承担企业发展的重任，市场营销部应运而生。在国外大企业中，市场营销部早已是举足轻重的部门，而在中国，目前也有许多大企业已经建立起来，甚至部分注重品牌的企业设立了营销分公司。事实证明，市场营销部的设立早已不仅仅是一个机构设置的问题，而已成为企业生存发展的决定性因素之一，其意义不可低估。

### （二）基本概念

市场营销：市场营销又称为市场学、市场行销或行销学，简称"营销"，另有称作"行销"，是指个人或集体通过交易其创造的产品或价值以获得所需之物，实现双赢或多赢的过程。

市场营销包含两种含义：一种是动词理解，指企业的具体活动或行为，这时称之为市场营销或市场经营；另一种是名词理解，指研究企业的市场营销活动或行为的学科，称之为市场营销学、营销学或市场学等。

市场：市场指的是具有特定的需求或欲望，而且愿意并能够通过交换来满足这种需要和欲望的全部现实的潜在顾客构成的。

市场营销理念是指企业进行经营决策，组织管理市场营销活动的基本指导思想，也就是企业的经营哲学。它是一种观念，一种态度，或一种企业思维方式。市场营销观念是一种"以消费者需求为中心，以市场为出发点"的经营指导思想。营销观念认为，实现组织诸目标的关键在于正确确定目标市场的需要与欲望，并比竞争对手更有效、更有利地传送目标市场所期望满足的东西。随着全球经济、技术的不断向前发展，市场营销理念也经历了多次的转变。

## 二、汽车配件市场

### （一）宏观市场

随着汽车配件产业的迅猛发展，汽车配件销售企业的营销行为也已成熟化，而做好市场分类和定位，是企业生存发展至关重要的环节。

我国汽车配件市场主要有两大宏观市场，一方面是通过主机厂配套市场，另一方面是社会维修配件市场。

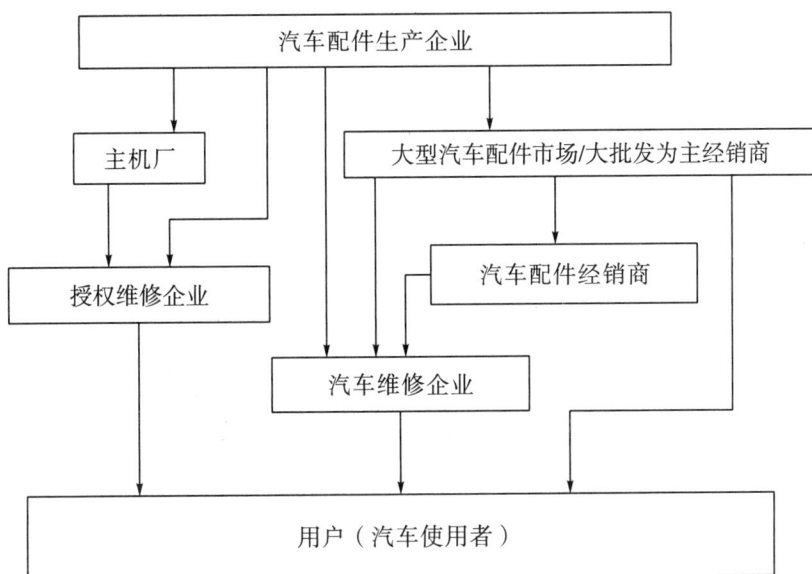

```
                ┌──────────────────────┐
                │   汽车配件生产企业    │
                └──────────────────────┘
          ┌──────────┐      ┌────────────────────────────────┐
          │  主机厂  │      │大型汽车配件市场/大批发为主经销商│
          └──────────┘      └────────────────────────────────┘
                                      ┌──────────────────┐
                                      │ 汽车配件经销商   │
                                      └──────────────────┘
          ┌──────────────┐
          │ 授权维修企业 │
          └──────────────┘
                      ┌──────────────┐
                      │ 汽车维修企业 │
                      └──────────────┘
          ┌──────────────────────────────────────────┐
          │            用户（汽车使用者）             │
          └──────────────────────────────────────────┘
```

### （二）用户市场分类

汽车配件市场在供需调研分析基础上的分类，是根据用户的需求以及不同的购买行为与购买习惯等各种差异，把市场划分成若干有意义的用户群，每个用户群是一个分类市场。在各个不同的分类市场之间，用户的需求存在比较明显的区别；而在每个分类市场之内，用户需求的差别则比较细微。企业根据自身的条件，选择适当的分类市场为目标，拟定自己最优的经营方案和策略。

市场分类的依据是市场需求的相似性和对营销手段反应的一致性，市场分类没有统一的标准，不同的商品、不同的环境需要应用不同的标准。营销人员根据自身的实际情况，确定适合的标准，汽车配件市场分类大体上有以下划分标准。

（1）按车型分类，以车辆具体型号为识别标识的分类市场，如乘用车辆、商用车辆、特种车辆等；可再以车辆关键部件为识别标识做分类。

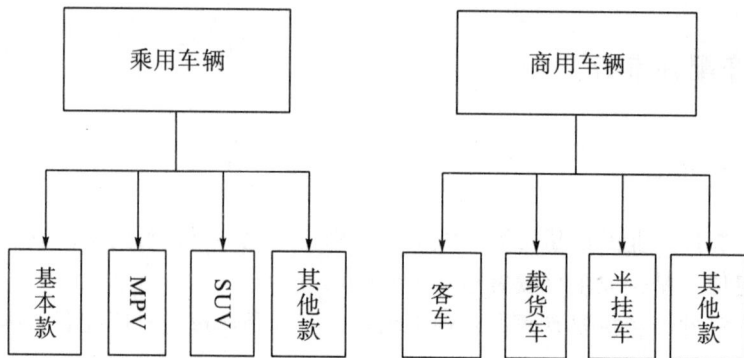

（2）按用户分类。通过对用户购买能力及货量分析，把用户分为批发用户、零售用户，对不同的用户采取相应的供货策略。

（3）根据地域特点划分，可分为平原、山区、高原等用户群。在分析了解不同地域特点的条件下，分析出汽车配件的供货需求和营销策略。

（4）按区域经济划分，可以从经济发达程度确定其客车（含小轿车）、货车拥有量，客货运量及周转量。凡客货车拥有量大、客货运量及周转量大的区域，其汽车配件需求量就大，从而确定市场需求。


**辅读资料：**

成都作为西部最大的汽车消费城市，机动车保有量已于2015年突破350万辆，庞大的汽车拥有量为汽车后市场带来了巨大的商机。各类汽车用品、汽车养护维修服务、汽车电子产品等企业达数千家，形成了肖家河、广福桥、红牌楼等汽车用品和配件专业市场及企业聚集地，年销售额超过1000亿元。巨大的市场空间和利润空间使成都成为西部最著名汽车配件销售市场。

以下是成都市主要汽配城概况：

红牌楼汽配区域：三九汽配城和九峰汽配城、金府汽配城、富强汽配城。

三九汽配城和九峰汽配城是四川九峰投资兴建的大型汽贸城，位于成都老牌汽车汽配商圈红牌楼，经营规模已超过1000余家，为西部目前规模最大、档次最高的综合汽配交易市场。

其中绝大部分商家都是以经销乘用车配件为主，剩余少量商户经营微型车、客车及货车配件。汽配城内商户大部分面向省内市场，少部分面向西南各省市场。

乘用车配件经销商的进货渠道主要集中在北京、上海、广州、浙江等地，根据自己所经销的配件区域特点进货。比如做上海大众品牌配件销售的主要对应区域在上海，做北京现代配件销售的对应区域在北京，而日韩车系配件销售一般都从广州进货。

据编者最新了解，2017年成都市政府将推动南汽外移项目，全面整改规划红牌楼汽车配件市场，彰显出政府着力规范化、规模化打造汽车配件市场的决心。

三九汽配城以大车配件为主要经营产品。九峰汽配城位于川藏路与黄忠大道交汇处，是以汽车、汽配经营为主的专业市场。商城于2001年2月建成投入使用，占地面积20000平方米，营业门面230户，其中95%以上商家经销商用车配件，进货渠道主要是在济南、柳州、浙江、十堰等地。

红运汽配城以汽车装饰、用品为主要经营业态。

西南汽配商城是原国内贸易部和成都市人民政府授权批准的成都市大型机动车配件专业市场，是与中国汽车销售总公司联营的汽车配件销售基地，已成为全国汽车配件市场联合会理事单位，是西南地区占地面积最大的汽车配件商城之一。目前经营配件的商户大约有100家左右，主要做货车配件。

鸿达汽配城是由成都市新鸿达实业公司开发的经营中高档汽车及进口汽车配件的专业市场，占地面积28亩，建筑面积20800平方米，主要经营汽配、汽保、工具、油品辅料、汽车美容、养护、整车销售等。

摩尔国际汽配广场是汽车汽配展示交易、现代物流、中期西南汽配用品集散中心，是集配送、电子商务办公和会议接待于一体的大型汽车汽配商贸展销中心和现代物流配送中心。摩尔国际项目规划用地约400亩，一期项目拥有21万平方米的恢宏体量位于八益家具城成熟商圈，占据西南城市门户口岸；延续红牌楼传统汽配商圈的商脉与人脉，拥有80000平方米汽配展销区，按配件、工具、用品等产品大类规划分区，可供1300余家汽配及用品厂商展示交易。

铭汇国际汽配城总用地200余亩，项目一期占地面积102亩，建筑面积8万平方米，投资1.5亿多元；项目二期占地40多亩，大约有220多套商铺，投资1.2亿元。项目集汽车、汽配及相关产业为核心，以采购、交易、仓储、维修、实体店与虚拟店相结合的"一站式"集约化专业汽配市场。

习题：发现身边的汽车配件市场，以报告形式，图文并茂记录身边汽车配件市场情况。

# 第三节　汽车配件市场调研基本内容

本节旨在让有创业意向的学生具备市场调研的能力，能够根据自身需求拟定调研内容、确定调研方式、对调研结果进行分析，对创业前期规划进行诊断评估。

## 一、汽车配件市场调研意义

目前，我国汽车市场处于迅猛发展阶段，市场需求量大，市场车型车款较多，市场竞争十分激烈。汽车配件市场亦是如此。汽车配件企业投入市场前，必须进行行之有效的市场调研，对未来形式进行合理的预测，以指导本企业适应市场。

（一）当今影响汽车配件企业发展的四大困难

（1）多变的政策环境。由于国家能源战略、环境调控等各类政策，导致汽车配件企业地区受到政策环境影响。

（2）急速发展的汽车行业。飞速发展的汽车行业也带领着汽车配件行业的急速发展，在这样的飞速发展下，既是机遇又是挑战。

（3）客户需求不断提升变化。客户对汽车配件品质及售后服务等要求不断提升，刺激汽车配件企业发展壮大，产品质量、成本核算、售后服务等日渐完善。

（4）激烈的竞争。汽车配件庞大的市场吸引众多关联企业也进入市场，日趋激烈的竞争对企业发展起到影响作用。

### （二）汽车配件市场调研的意义

（1）为汽车配件企业制定营销战略、确定市场营销组合、改善企业经营管理提供科学依据。

（2）使配件企业能够在复杂的市场环境中把握方向，避免盲目经营。

（3）汽车配件市场调研是汽车配件企业取得良好经济效益的重要保证。

## 二、汽车配件市场调研基本要求

（1）整体性原则，即把决策对象视为一个系统，以整体目标的优化为准绳，协调系统中各分系统的相互关系，使系统达到完整、平衡。因此，在决策时，应该将各个小系统的特性放到大系统的整体中去权衡，以整体系统的总目标来协调各个小系统的目标。

（2）可信性原则，该原则是对决策对象可靠、安全等属性的集合描述，调研的信息数据真实可信。

（3）动态性原则，即调研信息随着市场的变化而变化，具有不确定性，但始终遵循市场规律，动态情况可分析、可掌握。

（4）经济性原则，该原则是市场调研的基本要求，即在保证产品质量前提下尽量降低原料成本。

（5）科学性原则，即以事实为依据，以科学理论为指导，经得住科学的推敲。

## 三、汽车配件市场调研的基本内容

### （一）政策法律环境

所在地区的方针政策、法律法规等因素常常制约、影响企业的经营行为，尤其是影响企业较长期的投资行为。政策环境引导着企业营销活动的方向，法律环境则为企业规定经营活动的行为准则，政治与法律相互联系，共同对企业的市场营销活动产生影响和发挥作用。

我国为适应经济体制改革和对外开放的需要，陆续制定和颁布了一系列法律法规，例如《产品质量法》《企业法》《经济合同法》《涉外经济合同法》《商标法》《专利法》《广告法》《食品卫生法》《环境保护法》《反不正当竞争法》《消费者权益保护法》《进出口商品检验条例》等等。

作为一名企业的营销管理者只有熟知有关的法律条文，才能保证企业经营的合法性，运用法律武器来保护企业与消费者的合法权益。

### （二）经济环境

企业所面临的经济环境指社会经济条件及其运行状况、发展趋势、产业结构、交通运输、资源等情况，经济环境是制约企业生存和发展的重要因素。经济发展水平不同，其社会消费品生产力、消费资源利用、资源开发等均不同，其作用必将影响企业发展。

### （三）科学技术环境

科学技术不仅指前沿技术发展，同时也指管理技术科学化。及时科学地调整组织结构、企业管理、产品技术等，对增强社会竞争力有着深远影响。

### （四）所在地区汽车保有量情况

针对行业特点，企业所在地区汽车保有量情况的基本掌握是必须且重要的，这对企业的战略发展、转型升级均有着指导作用。

## 四、汽车配件市场调研的基本步骤

### （一）调研准备阶段

（1）确定调研问题与调研目标，围绕目标准备相应问题。

①为什么要做此次调研？很多入行者在调研前目的不明确，思路不清晰，对自身需求完全不清楚。建议目标简单明确，比如对汽车配件中常用保养件刹车片品牌及季度用量进行调研。

②调研中想要了解什么？此问题可围绕目的展开需求分析，是要了解具体方向还是具体内容，还是动态数据走向。

③调研结果是否有用？答案是肯定的，但真正有用的结果必须建立在有效的需求分析、调研内容的制定以及策略方针的决策上。

（2）做好调研规划。

①确定调研项目主题。

②确定调研方式。

③预估调研经费。

④做好调研进度安排。

⑤编写调研计划书。

### （二）调研实施阶段

（1）确定人员。

目前，市场有专业市场调研机构，企业可以进行委托，机构通过系列专业方式方法来进行委托调研。此类形式优势在于专业化、较为省事；劣势在于预算大大提高，且企业人员仅掌握数据，缺乏对一线实战的了解，不利于对今后市场变化的掌握。

如果企业自行调研，调研人员的确定至关重要。可从销售人员或生产人员中选拔产生，做好人员培训工作，人员均需掌握调研目的、任务、方式方法等，并建立有效的管理制度，保证调研数据的客观性。

同时，确定调研负责人，负责人员管理、经费预算、数据管理等统筹工作，全面掌握调研情况，做好有效调控，对出现的问题及时协调解决。

（2）数据分析总结。

汇总调研数据，进行资料整理，摒弃无效有误信息，保留有效信息进入下一步统计处理。

数据的统计处理结果对企业决策者有着直接影响，大量数据必须经过针对性处理，例如，对某片区二类汽车维修企业某品牌销售情况进行分析，可统计该品牌每月销售情况进行数据汇总，按季度、年份进行统计，以作决策。

（3）提交调研报告。

根据以上统计汇总，撰写调研报告，报告应包括：

①调研标题，表明本次调研主题；

②调研目录；

③调研详情，包括调研规划与实施、调研主要方式及对象构成情况、调研主要统计结果介绍、综合数据分析、数据资料汇总表；

④调研结论，根据数据进行分析，得出优劣势对比结论，提出合理化建议。

汽车配件市场调研报告可根据不同的调研目的和角度进行划分：按时间划分，如短期、中期、长期调研报告；按范围划分，如宏观、区域调研报告；按内容划分，如综合类调研报告、针对专题性调研报告。汽车配件市场调研报告是预判性估计汽车配件企业面对市场动态的措施及办法，以市场调研为基础信息，通过科学分析预测汽车配件企业对市场变化情况的掌握和发展趋势。

**习题**：制定一套调研规划并实施后出具调研报告。

# 第二章 开店准备

## 第一节 网上开店早知道

### 一、网上创业的背景

随着互联网时代的快速发展，网络已成为大众生活中不可或缺的一部分。2014 年 1 月 16 日，CNNIC（中国互联网络信息中心）发布第 33 次《中国互联网络发展状况统计报告》。报告显示，截至 2013 年 12 月，中国网民规模已达到 6.18 亿，增长逐年放缓；但网络购物用户持续增长，用户规模达 3.02 亿；团购用户规模增长 68.9%。巨大的网民基数与网购用户基数的快速增长为网络创业带来了巨大的商机，因此也成为很多毕业学生自主创业的首选。

网络创业是以互联网及其他电子网络通信设备为基础，发现和捕捉新的市场机会，通过提供新的商品或服务以创造价值的一种新型的创业形式，它具有虚拟性、创新性等特征，目前其主要经营方式是网站和网店。对于在金融危机及毕业人数暴增影响下就业难的毕业生，尤其是相对弱势的中等职业毕业生来说，发现网络贸易中的商机是一种开创事业的新途径。而且相较于其他的创业方式来讲，网络创业是一条低门槛、低风险、易上手的创业之路。

网络创业的产生并不是偶然的，而是我们所处的时代背景的必然产物，网络经济所蕴含的巨大商机和良好的发展前景激发了包括学生在内的许多人的创业激情。作为新时期的年轻群体，学生的价值观呈现多元化发展的态势，自主、独立的意识较强，强调个人价值的实现，网络创业是实现自我发展和成功梦想的一条可行途径。

### 二、网上创业的形式

随着电子商务以及网络的发展，很多商家、个人已经把销售的传统实体店转向了网络电商，日趋成熟的网店老板把视线投向了线上线下同时发展。消费者可以在实体店亲自挑选商品，符合中国人"眼见为实"的传统，也可提高商品可信度，网店则为年轻消费群体带来便利，网店与实体店如何相互补充、相互宣传，成为不少店家思考的问题。

依据国家工商行政管理总局令第60号《网络交易管理办法》第七条规定：从事网络商品交易及有关服务的经营者，应当依法办理工商登记。开办网店的组织形式有多种，分为个体工商户、个人独资企业、合伙企业、有限公司等。

## 三、网上创业的过程

### （一）潜学专技

网上创业需要有实战性的营销知识、计算机知识、网络知识。开店前必须潜心学习营销、计算机以及网络方面的专业知识。

### （二）个人创建网店

在淘宝平台创建网店需要进行以下步骤：

第一，会员注册及认证；

第二，发布宝贝；

第三，开通网上支付功能。

具体操作如下。

1. 用户注册

登录淘宝网站首页，点击页面最上方的"免费注册"。为保证交易的安全性，注意密码不要设置得太过简单，建议使用"英文字母＋数字＋符号"的组合式密码。

2. 身份认证

淘宝平台规定只有通过实名认证之后才能开通店铺。所以在注册用户之后，还要进行相应的认证，包括个人实名认证和支付宝认证两项，操作步骤如下：第一步，登录淘宝网站首页，点击页面上方"我的淘宝"；第二步，在打开的页面中会提示还没有激活支付宝账号，通过"点击这里完成支付宝账号激活"进行激活操作；第三步，激活支付宝账号成功后，根据提示填写个人信息，接着选择身份证件核实，然后输入银行卡信息。输入完成后，24小时内等待支付宝汇款核实账户；第四步，24小时之后，在认证区域点击相应的链接打开"支付宝认证"页面，在"银行账户核实"区域点击"确认汇款金额"，然后输入支付宝向您的银行账号注入的资金数目，单击"确定"按钮即完成认证。

3. 发布宝贝

通过身份验证后，您就要将出售的宝贝信息上传至网站店铺。为使宝贝更直观地展示给消费者，图片的拍摄和处理倍显重要。宝贝在初始发布完成之后，最好能定期更新、添加，以免宝贝下架或店铺被系统删除。

方法/步骤：

（1）登录淘宝网，然后将鼠标移动到"卖家中心"，再选中"已卖出的宝贝"。

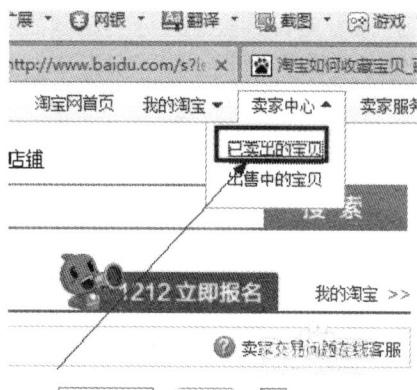

（2）接下来在页面左边的"宝贝管理"下选中"发布宝贝"。

（3）选择好商品所属的分类。

（4）也可以在搜索框中搜索分类，直接进入分类。例如发布硒鼓，可以在搜索框中输入"硒鼓"，搜索，即可发现分类。选择好后再点击下面的"我已经阅读以下规则，现在发布宝贝"。

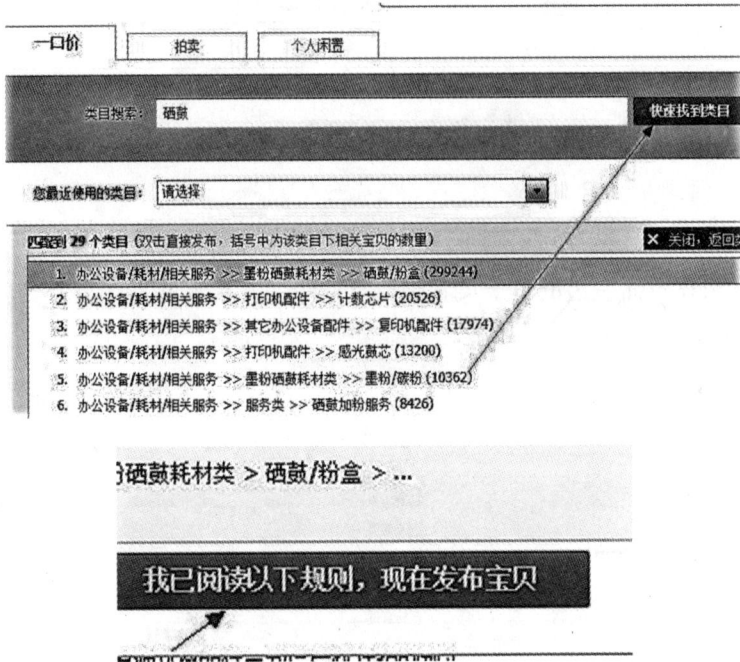

（5）然后在信息页面输入宝贝的基本信息、产品信息。

（6）信息填写完成后，点击"预览"，没问题就点击"发布"。

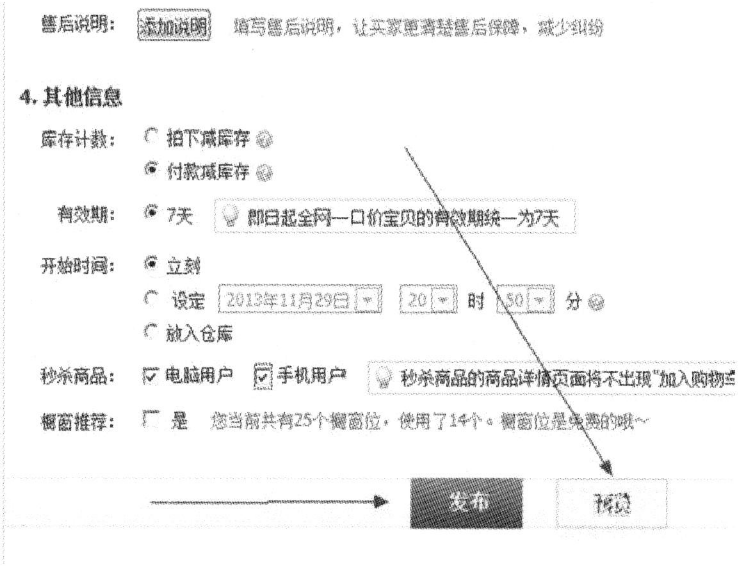

（7）发布成功后，30 分钟后即可在店铺看到发布的宝贝信息。

4．开通网上支付

网上购物的支付方式通常采用在线支付、邮政汇款、银行电汇、信用卡委托支付、货到付款等，而在淘宝网上，我们通常采用的支付方式有支付宝、网上银行等。

方法/步骤：

（1）查看店铺是否在不开放信用卡支付功能的店铺主营类目和商品类目内，不支持开通信用卡支付功能的店铺主营类目和商品类目为：

腾讯 QQ 专区；

网络游戏点卡；

成人用品/避孕/计生用品；

移动/联通/电信充值中心；

手机号码/套账号/代练；

网店/网络服务/软餐/增值业务；

网游装备/游戏币/件；

网络店铺代金/优惠券；

个性定制/设计服务/DIY；

网游垂直市场根类目；

淘宝新行业；

古董/邮币/字画/收藏（钱币、邮品、古瓷器、古瓷片、古玩杂项、古董木艺、古董钟表、连环画、西洋收藏品、其他收藏品、"文化大革命"时期收藏品、玉器）；

本地化生活服务；

其他。

（2）登录淘宝账号，进入卖家中心，找到左侧导航中下部的软件服务，点击"我要订购"。

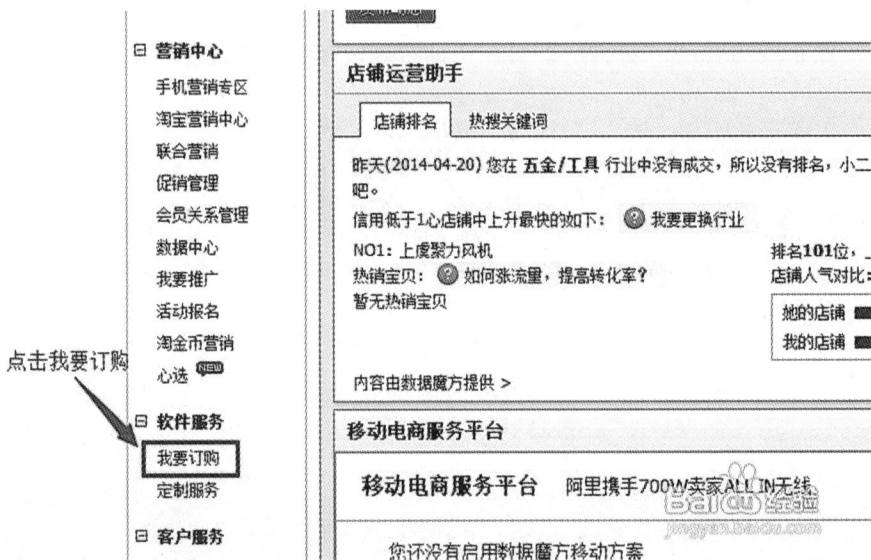

（3）进入"淘宝卖家服务"，点击"全部卖家服务"。

（4）进入"全部卖家服务"页面，在左侧导航中找到"其他服务"并点击，在右侧服务列表中找到"互联网支付服务"。

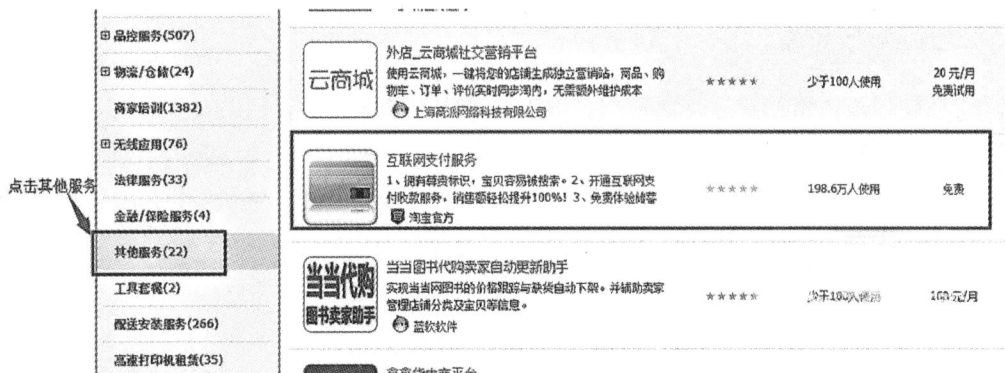

（5）点击"互联网支付服务"进入购买页面，选择"服务版本"和"周期后"，输入"结算账号"，默认结算账号为绑定的支付宝账号。

（6）点击"立即订购"，进入购买明细，根据自己需要勾选相关选项后，点击"同意协议并付款"，显示订购成功。至此信用卡支付已经开通成功。

（三）保证货源

货源是保障销售行业运营的根本。顾客追求物美价廉，对于网络卖家而言，有价格优势的稳定货源极为重要，最理想的进货渠道首先当然是没有中间商与厂家直接达成协议，实现零库存销售，减除积压存货的风险；其次是从批发商处拿到优惠价。如果没有理想的货源，而从二、三级批发市场买进，经营难度自然增加，成本就会影响销售价格，没有了价格优势，销售自然受到影响。

方法/步骤：

（1）点击"店铺复制"进行操作。

（2）选取自己看中的货源的那个平台。

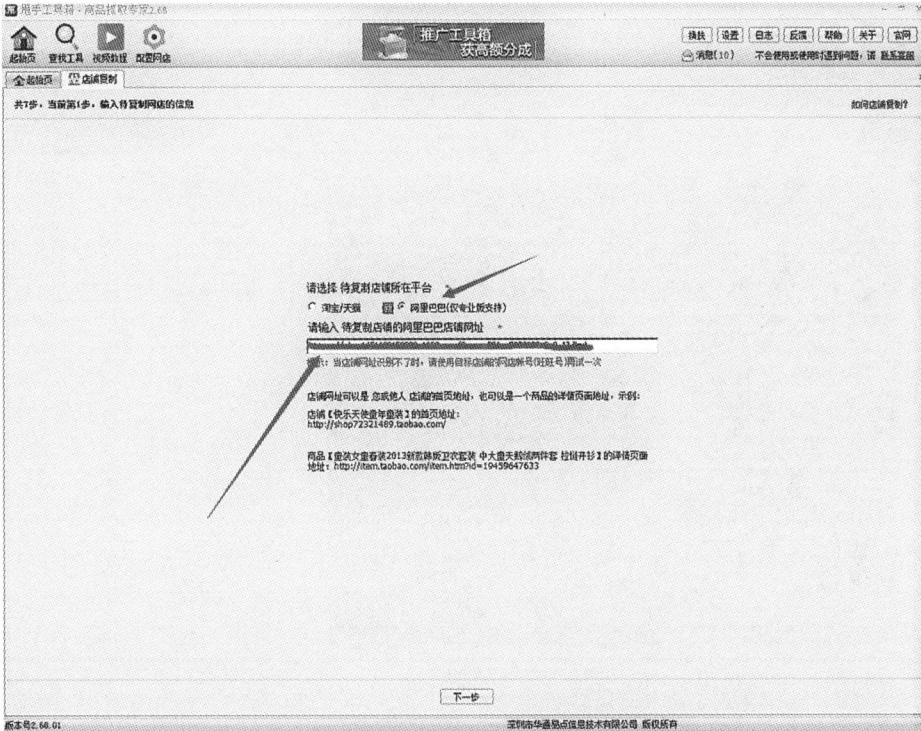

（3）这里的分类根据你自己的需要而定。

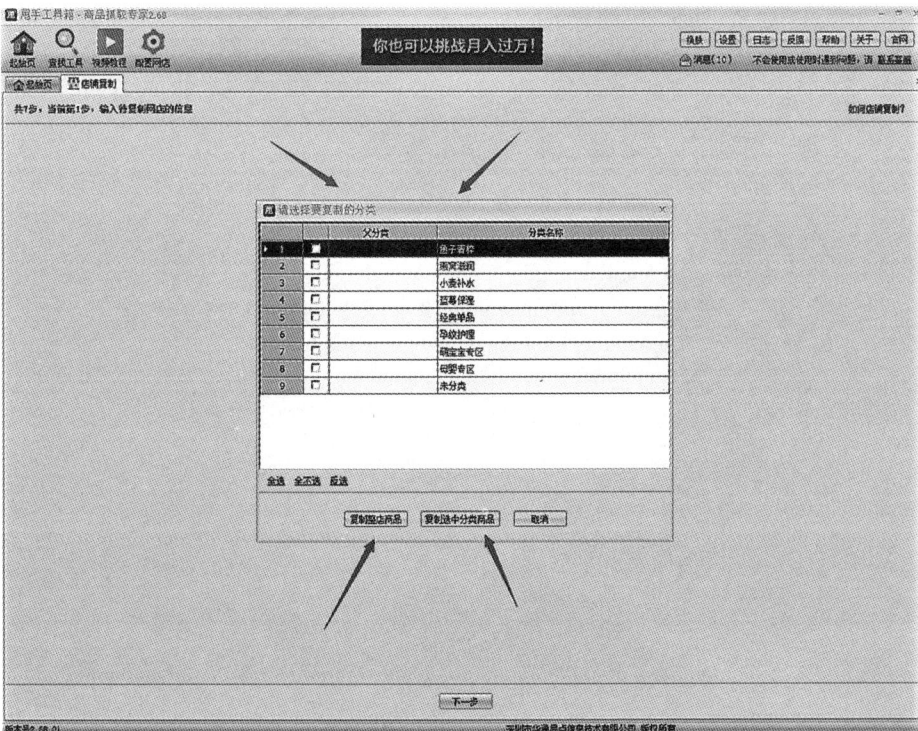

（4）下面为获取好了的商品。

（5）选择适合自己平台的数据包的处理方式。

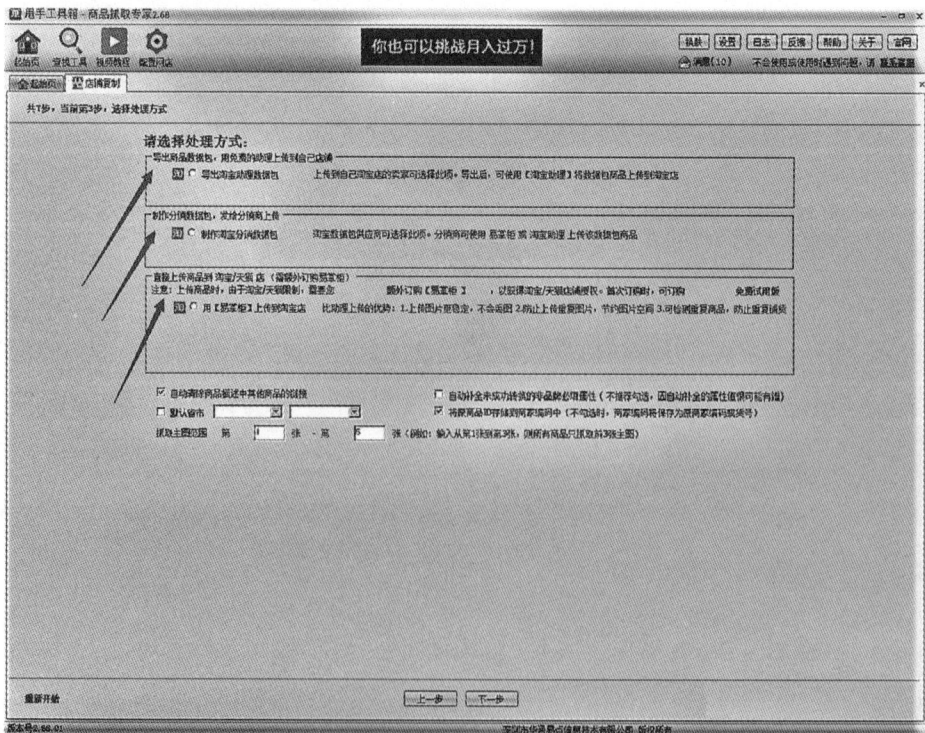

（6）看清楚界面所示的文字说明操作即可。

（7）必须选择图示的右上角的一项或者多项功能进行更改，最后导出。

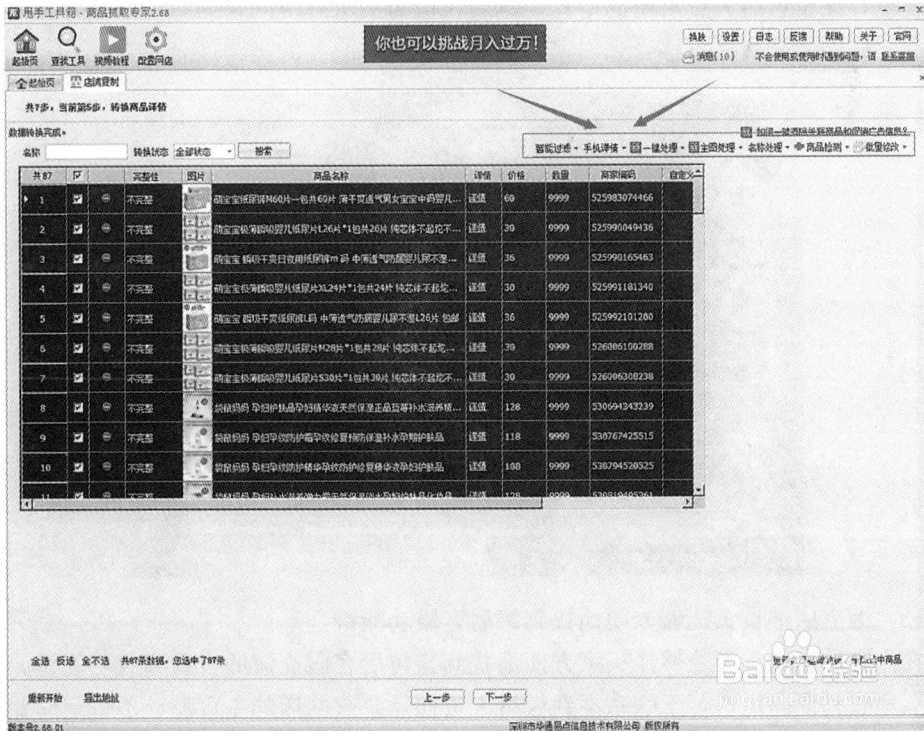

## （四）推介宣传

无论是网上还是网下，店铺都是有必要进行宣传的，常用的方法有：利用所有的聊天工具（旺旺、QQ、MSN等）宣传；起个好的店铺名字；设计个性签名，装修漂亮的店铺；好的推荐位和橱窗位；给宝贝起个容易被搜索到的名字。

## （五）良好售后

淘宝是网络交易的一个大平台，为人们的日常购物提供了许多方便，让买家足不出户就能挑选并购买到自己心仪的商品，然而，这种便利的购物方式也会如同实体店一样，遇到商品售后方面的诸多问题。那么淘宝的卖家应该如何处理售后呢？

方法/步骤：

（1）有专职售后工作人员。

淘宝卖家应该把售前、售后分开管理，配备专职的售后工作人员来处理所售出商品的一系列的售后问题。卖家可以根据自己网店的规模来决定售后工作人员的多寡，以免造成人员浪费，只有合理安排好售前以及售后的相关工作人员，才能使网店更加细化，从而有效推动网店的经营。

（2）注重售后人员素质的培养。

淘宝卖家要做好售后人员素质的培养。买家之所以收到商品后会找到卖家，希望解决售后问题，那就说明卖家售出的商品一定是在某一环节出现了问题，所以卖家的售后人员就要耐心倾听买家的诉求，并最终达成意见统一，才能很好地解决商品售后的问题。卖家要注重售后人员素质的培养，本着积极为买家解决问题的态度来做好售出商品的售后工作，才能让买家感受到卖家诚信经营、优质服务的经营理念。

（3）淘宝店铺首页能够方便地找到售后客服功能键。

在淘宝的店铺首页能够让买家方便地找到与售后客服交流的售后客服功能键。不至于在买家收到商品后，苦于联系不到售后人员而焦急。网店的主页设计不一定非要突出有多少优质的评价以及店铺的等级，要以诚信为本，以消费者利益为先，才是网店生存发展之道。

（4）给买家赠送运费险。

淘宝卖家售出的商品免不了多多少少会遇到售后的问题。面对这一问题，淘宝的卖家可以给买家赠送运费险。因为网购的特殊模式，让退换货运费成了买家头疼的问题。尤其是一些价格不太高的商品，退货吧，加上运费实在是不值得；不退货吧，留下又用不上，很是堵心，那么卖家赠送的运费险就会很好地帮助买家解除因运费问题产生的后顾之忧，让买家能安心购物。这也算是卖家在售后服务中的一项贴心举措吧！

（5）在商品发出时，在所售商品的包装内附赠售后保障卡。

淘宝卖家在商品发出的同时，应在所售商品的包装内附赠售后保障卡，方便消费者在遇到商品的售后问题时使用。买家只要在商品售后保障卡内填写好商品所出现的问题以及买家的淘宝用户名、姓名、地址以及联系电话，并寄回给卖家，就可以让卖家通过对照售后保障卡审核该商品的问题，从而加快卖家处理售后问题的速度。

（6）对于问题商品，卖家应该积极给买家补发货，并向买家致歉，同时赠送买家优惠券。

淘宝卖家要想做好售后服务，对于问题商品，卖家应该积极给买家补发货，并以诚恳的态度向买家致歉，同时赠送买家优惠券。这样，即使买家首次买到的商品并不合心意，但是，面对卖家诚恳的态度，也会感受到卖家的诚意，会因卖家的诚信经营和合理的售后管理，再次光临该网店。

**习题：**

1. 在网上开店除了准备好货物和电脑外，还需要准备些什么东西呢？
2. 销售平台除了淘宝还有哪些？

# 第二节  企业注册登记

办理个人或企业网店的注册登记，从表面看，无实体网店营业执照和普通的个体工商户营业执照并没有什么区别，但仔细一看有三处不同。首先是字号名称，特别强调"网店"二字；其次是经营地址，登记了网址和服务终端即电脑的所在地；第三个不同则是经营范围，注明"通过互联网销售"。

## 一、营业执照的办理

注册登记营业执照依据《公司法》《个体工商户登记管理办法》《个人独资登记管理办法》《合伙企业登记管理办法》《网络商品交易及有关服务行为管理暂行办法》等相关规定，自然人通过网络从事商品交易及有关服务行为的，依法办理工商登记注册。

### （一）个体工商户注册

办理个体工商户应当办理的证件有：
(1) 个体工商户营业执照（正、副）本；
(2) 组织机构代码证（正、副）本（可选择）；
(3) 个体工商户（公、财、私）章；
(4) 国税登记证（正、副）本；
(5) 地税登记证（正、副）本；
(6) 设立基本户（可选择）。

### （二）办理流程

1. 申请个体工商户名称预先登记应提交的文件、证件
办理资料：
(1) 申请人的身份证明或由申请人委托的有关证明；
(2) 个体工商户名称预先登记申请书；
(3) 法规、规章和政策规定应提交的其他文件、证明。
2. 申请个体工商户开业登记应提交的文件、证件
办理资料：
(1) 申请人签署的个体开业登记申请书（填写个体户申请开业登记表）；
(2) 从业人员证明（本市人员经营的须提交户籍证明，含户口簿和身份证，以及离

退休等各类无业人员的有关证明；外省市人员经营的须提交本人身份证、在本地暂住证，育龄妇女还须提交计划生育证明；相片一张）；

（3）经营场地证明；

（4）家庭经营的家庭人员的关系证明；

（5）名称预先核准通知书；

（6）法规、规章和政策规定应提交的有关专项证明。

### 3．办理组织机构代码证

办理资料：

（1）个体工商户营业执照复印件；

（2）个体工商户户主身份证复印件。

### 4．刻章

办理资料：

（1）个体工商户营业执照复印件；

（2）个体工商户户主身份证复印件。

### 5．办理国税登记证

办理资料：

（1）个体工商户营业执照复印件；

（2）个体工商户户主身份证复印件；

（3）经营场地证明；

（4）组织机构代码证复印件；

（5）章。

### 6．办理地税登记证

办理资料：

（1）个体工商户营业执照复印件；

（2）个体工商户户主身份证复印件；

（3）经营场地证明；

（4）组织机构代码证复印件；

（5）章。

### 7．设立基本户（主要用于和公司转账用）

办理资料：

（1）个体工商户营业执照复印件；

（2）个体工商户户主身份证复印件；

（3）组织机构代码证复印件；

（4）国税、地税登记证复印件；

（5）章。

### 8．税收

个体户一般是税务机关根据公司所在位置、规模、员工人数、销售商品等来估算销售额，然后再给定税。

## 二、公司工商注册

### (一) 名称预查

在公司注册所在地区的工商局咨询后领取并填写名称（变更）预先核准申请书，同时准备相关材料，股东、法人提供身份证明。

### (二) 名称审核

递交名称（变更）预先核准申请书，等待名称核准结果，工商局预查通过后，报市工商局审核，一般需要3个工作日左右。

### (三) 领取企业名称预先核准通知书

市工商局名称审核通过后，由区工商局打印名称预先核准通知书，凭受理通知书领取企业名称预先核准通知书、名称预先核准通知书，有效期为6个月，若6个月内还未办理工商登记，可以延期。

注册公司核名所需材料：

(1) 全体股东的身份证原件、复印件；

(2) 各股东的出资金额；

(3) 拟申请公司名称1~10个；

(4) 公司主要经营范围；

(5) 注册资金。

### (四) 篆刻公司印章

营业执照拿到手后既可开始篆刻印章，一般需要1~2个工作日。

篆刻公司印章需要准备材料：

(1) 营业执照副本原件及复印件；

(2) 法人身份证原件及复印件；

(3) 委托人身份证原件及复印件。

注册公司需要篆刻的印章：

(1) 企业公章；

(2) 企业财务章；

(3) 企业法定代表人个人印鉴；

(4) 企业合同章；

(5) 企业发票专用章。

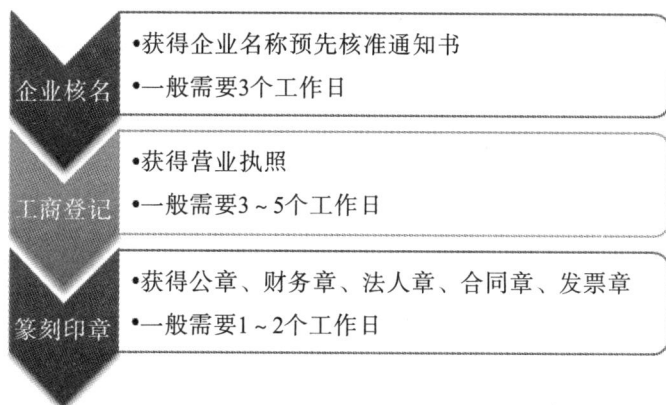

- 获得企业名称预先核准通知书
- 一般需要3个工作日

企业核名

- 获得营业执照
- 一般需要3~5个工作日

工商登记

- 获得公章、财务章、法人章、合同章、发票章
- 一般需要1~2个工作日

篆刻印章

**企业办理营业执照流程图**

## （五）特殊经营范围到有关部门审批

公司注册经营项目涉及前置许可的，应先到相关许可部门取得许可文件，那么都有哪些企业在注册公司办理营业执照前需要先进行前置审批呢？请参照以下表中内容。

|    | 前置审批行业 | 审批部门 |
|----|------------|---------|
| 1  | 医疗器械销售、生产（一类医疗器械除外） | 区药监局 |
|    | 药品 | 区药监局、卫生局 |
| 2  | 图书报刊零售、印刷 | 区文化管理所、市新闻出版局 |
| 3  | 音像制品销售 | 区文化管理所 |
| 4  | 酒类批发 | 区酒类专卖局 |
| 5  | 食品 | 区卫生局 |
| 6  | 医疗机构设立 | 区文生局 |
| 7  | 烟销售 | 烟草专卖局 |
| 8  | 餐饮 | 区环保局、区文生局、区消防处 |
| 9  | 旅馆、客房 | 区公安局、区消防处、区卫生局 |
| 10 | 塑料制品、水性涂料生产加工 | 区环保局 |
| 11 | 道路运输、水陆运输 | 交通局 |
| 12 | 汽车、摩托车维修 | 市交委维修管理处 |
| 13 | 人才中介 | 区人事局 |
| 14 | 劳务服务 | 区劳动局 |
| 15 | 废旧金属收购 | 区公安局、区环保局 |
| 16 | 成品油经营、储存 | 市经委、公安局 |
| 17 | 加工、销售、回收金银 | 市人行金融处 |
| 18 | 文物经营 | 文物管理委员会 |

续表

| | 前置审批行业 | 审批部门 |
|---|---|---|
| 19 | 经营性舞厅 | 市文化局、文生局、公安局、消防处 |
| 20 | 国画书法 | 市文化局 |
| 21 | 咖啡馆、酒馆 | 卫生部门、公安部门、市酒类专卖局 |
| 22 | 报关业务 | 海关总署 |
| 23 | 水泥生产 | 市建委 |
| 24 | 航空运输销售代理业务 | 民航管理局 |
| 25 | 化妆品生产 | 市卫生局 |
| 26 | 工程承包 | 市建设委员会 |

**案例导读：**

## 终于不用再玩虚的啦！

李先生是重庆人，2006年3月，李先生离开打拼5年的广州，回到重庆自己当起老板。"先是在淘宝网、天猫等平台开网店，做了一年多，感觉很不好，竞相压价，质量没有保证，整个网络市场的竞争处于无序状态。"李先生和一些网店同行交流发现，在没有规范的情况下，市场交易很混乱，代表信用的评价等级也存在虚假，消费者的权益维护困难重重。"继续淘下去心力交瘁，前景也不大，干脆自己出来做一个网购平台。"李先生随后在重庆万州做了一个同城购物网。2007年5月，租用到广州一家公司的服务器，网站正式开锣，但没过几天他就接到工商部门的调查通知书，涉嫌无照经营，有可能受到严惩。

李先生没有想到自己"因祸得福"，万州工商部门酝酿先行先试颁发网店执照，即向没有实体店的网店颁发个体工商户营业执照，就将他列为重点考虑对象，指导他最终办理了全国第一张无实体网店执照。2007年6月，网店执照正式办好，李先生到工商所工作人员手里接过"个体工商户营业执照"时，第一次感觉到踏实："今后终于可以合理合法地在网上做生意了，不用再玩那些虚的。"目前，李先生已经把执照挂到自己的网站上。

**习题：**

1. 申请个体工商户名称预先登记应提交哪些文件、证件？
2. 个体工商户税收怎么进行核定？
3. 线下开一家汽车配饰店的流程有哪些？

# 第三节 企业线上开店

## 一、淘宝企业店铺

申请流程：

第一步：使用邮箱注册淘宝账户；

第二步：进行支付宝企业认证；

第三步：填写工商注册信息；

第四步：创建店铺成功。

具体步骤：

（1）进入淘宝"卖家中心"——选择企业开店。

淘宝企业开店并不需要支付额外的费用，和普通淘宝个人店铺一样缴纳保证金就好。注意：一个身份证只能开一家店，一个营业执照也只能开一家淘宝店铺，开店之后无法注销。

（2）进行"支付宝企业认证"。

淘宝企业店铺认证必须和支付宝认证类型一致。

（3）填写"工商注册信息"。

填写内容主要包括公司名称、营业期限、经营范围、营业执照注册号、营业执照所在地。

（4）签署开店相关协议。

其主要签署《诚信经营承诺书》《消费者保障服务协议》《支付宝基础支付服务》《支付服务协议》。

## 二、天猫开店

### （一）资料准备

支付宝企业认证需要的材料：营业执照影印件、对公银行账户（可以是基本户或一般户）、法定代表人的身份证影印件（正反面扫描件）。

如果是代理人代办，除了以上的材料，还需要代理人的身份证影印件（正反面）以及企业委托书加盖公司公章或者财务专用章，不能是合同/业务专用章。

### （二）具体开店流程

（1）进入天猫，点击"商家入驻"。

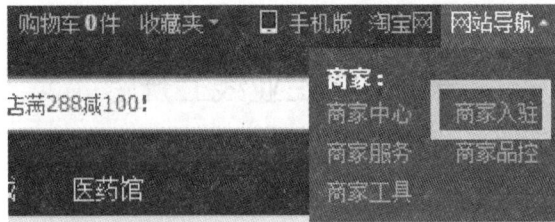

（2）注册一个企业支付宝账号。点击"下一步"，提交事先准备好的材料，完成企业实名认证。

（3）确定天猫店铺的定位：旗舰店、专卖店或者专营店。

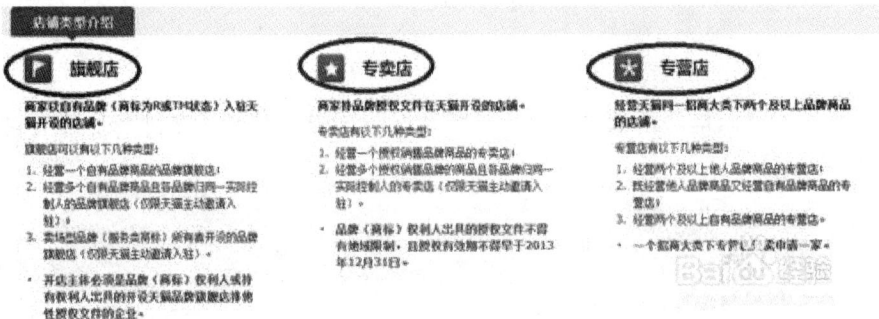

**专卖店店铺资质**

1. 企业营业执照副本复印件（需完成有效年检且所售商品属于经营范围内）
2. 企业税务登记证复印件（国税、地税均可）
3. 组织机构代码证复印件
4. 由国家商标总局颁发的商标注册证或商标注册申请受理通知书复印件（若办理过变更、转让、续展，请一并提供商标总局颁发的变更、转让、续展证明或受理通知书）
5. 银行开户许可证复印件
6. 法定代表人身份证正反面复印件
7. 店铺负责人身份证正反面复印件
8. 商标权人出具的授权书（若商标权人为自然人，则需同时提供其亲笔签名的身份证复印件）
9. 商家向支付宝公司出具的授权书 点此下载
10. 产品清单 化妆品类目点此下载；保健品及医药类目点此下载；除化妆品/食品保健外的其他类目点此下载

" 品牌属于同一实际控制人的证明材料（出售多品牌的专卖店）

**行业资质要求：请根据您经营的商品查看下方左侧对应类目下所需的行业资质要求**

**专营店 店铺资质**

1. 企业营业执照副本复印件（需完成有效年检且所售商品属于经营范围内）
2. 企业税务登记证复印件（国税、地税均可）
3. 组织机构代码证复印件
4. 银行开户许可证复印件
5. 法定代表人身份证正反面复印件
6. 店铺负责人身份证正反面复印件
7. 自有品牌：商标注册证或商标注册申请受理通知书复印件
   代理品牌：
   （1）商标注册证或商标注册申请受理通知书复印件
   （2）上一级的正规品牌授权文件或正规采购合同及进货发票，若上一级的授权方或供货商为自然人，则需同时提供其亲笔签名的身份证复印件
8. 商家向支付宝公司出具的授权书 点此下载
9. 产品清单 化妆品类目点此下载；保健品及医药类目点此下载；除化妆品/食品保健外的其他类目点此下载

**行业资质要求：请根据您经营的商品查看下方左侧对应类目下所需的行业资质要求**

（4）开始申请入驻天猫，一步步按照要求操作，填写申请信息，提交资质，选择店铺名和域名，在线签署服务协议。

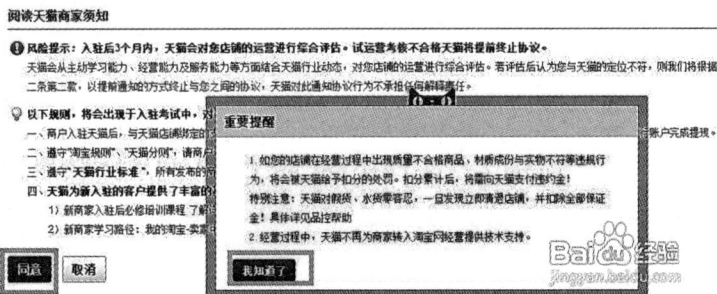

（5）等待审核。天猫 7 个工作日内给出审核结果。审核通过后还需要办理后续手续。

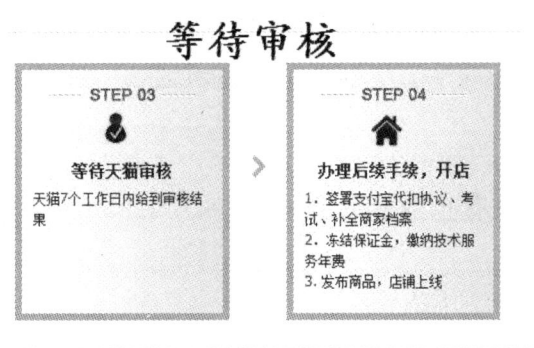

签署《支付宝代扣协议》，考试，补全商家档案，冻结保证金，缴纳技术服务年费，发布商品，店铺上线。

## （三）收费标准

保证金最低 1 万元，最高 30 万元。

**一、 保证金：**

商家在天猫经营必须交纳保证金，保证金主要用于保证商家按照天猫的规则进行经营，并且在商家有违规行为时根据《淘宝商城服务协议》及相关规则规定用于向天猫及消费者支付违约金。续约商家2012年度的保证金须在2011年12月26日前一次性缴纳；新签商家在申请入驻获得批准时一次性交纳2012年度的保证金。保证金根据店铺性质不同，金额如下：

（一）品牌旗舰店、专卖店：带有TM商标的10万元，全部为R商标的5万元；

（二）专营店：带有TM商标的15万元，全部为R商标的10万元；

（三）特殊类目说明，

1、卖场型旗舰店，保证金为15万元；

2、经营未在中国大陆申请注册商标的特殊商品（如水果、进口商品等）的专营店，保证金为15万元；

3、天猫经营大类"图书音像"、"服务大类"及"电子票务凭证"，保证金收取方式：旗舰店、专卖店 5万元，专营店 10万元；

4、天猫经营大类"医药、医疗服务"，保证金30万元；

5、"网游及QQ"、"话费通信"及"旅游"经营大类的保证金为1万元；

天猫经营大类包含的一级类目详细请参考《天猫经营大类一览表》

（四）保证金不足额时，商家需要在15日内补足余额，逾期未补足的天猫将对商家店铺进行监管，直至补足。

技术年费：一般是 3 万元或 6 万元，根据规则有返还金额。

**二、技术服务费年费（下称"年费"）：**

商家在天猫经营必须交纳年费。年费金额以一级目为参照，分为3万元或6万元两档，各一级类目对应的年费标准详见《2012年天猫各类目商家年费一览表》。续签商家2012年度年费须在2011年12月26日前一次性缴纳；新签商家在申请入驻获得批准时一次性交纳2012年度的保证金。

（一）年费返还：为鼓励商家提高服务质量和壮大经营规模，天猫对技术服务费年费有条件地向商家返还。返还方式上参照店铺评分（"DSR"）和年销售额（不含运费）两项指标，返还的比例为50%和100%两档。具体标准在协议期间（包括期间内到期终止和未到期终止，实际经营期间未满一年的，以实际经营期间为准）内DSR平均不低于4.6分，且满足《天猫各类目商家年费一览表》中技术服务费年费金额及各档返还比例对应的年销售额。年费返还按照2012年内实际经营期间进行计算。

（二）年费结算，

1、因违规行为或资质造假被清退的不返还年费；

2、根据协议通知对方终止协议、试运营清退、按照实际经营期间，将全年年费返还政策均摊至自然月，来测算具体应当返还的年费；

3、入驻头一个月的免当月年费，但是作为年底计算返固定年费的交易额基数则从开店第一天开始累计。

4、技术服务费年费的返还结算在本协议终止后开始结算。

（三）跨类目入驻，就高原则，年费按最高金额的类目缴纳；但实际结算按入驻到结算日期，成交额占比最大类目对应的标准返还。

## 三、京东开店（只有企业能入驻）

开店流程：

（1）进入"京东商城"，点击页面最下方的"商家入驻"。

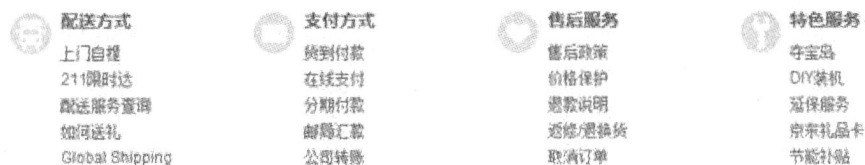

（2）进入页面后点击"我要入驻"。

（3）如果你没有京东登录账号，系统会要求你注册账号。

（4）阅读协议，点击"开始提交"后进入下一步。

（5）填写公司资料。公司信息需要提供营业执照副本扫描件、法人身份扫描件等与营业执照有关的资料，填写公司名称、营业执照注册号以及相关资料，填写好后点击

"下一步，完善税务及银行信息"。

（6）最后等系统审核，接受电话咨询考察。审核成功后就可成功入驻。

**习题：**

1. 在选择好商店平台以及经营方式后，应该进行怎样的操作才能在网上开自己的商店呢？

2. 注册的基本注意事项有哪些？

3. 申请好账号后是不是就能开店铺了，流程有哪些？

# 第三章 人员设置及相应政策法规

## 第一节 人员设置及岗位职责

古语说得好："凡事预则立，不预则废。"在正式入驻网店之前，一定要做好计划，分析市场，分析竞争对手，分析目标消费者以及品牌、产品和店铺的优劣势。利用网络提供的众多数据分析工具，可以很容易地进行各项数据分析，比如行业总规模、热销产品、竞争对手销售预测等。通过这些数据分析结合自身产品优势就能确立方向、理清思路、明确定位，从而制订销售目标、网店发展阶段和发展步骤，确定阶段性团队组建。

大大小小的个人卖家除了相互之间的激烈竞争外，还要面对资金、人力、物力、可信度等竞争，生存的空间势必越来越小。可以说，一个人撑起一个皇冠店的时代已经成了过去式。要在当今激烈的电子商务竞争中生存下来并且盈利，必须依靠团队的力量。

一家有规模的汽车配件网店需要完善的人员配备才能让整个网店正常运营，形成良性的运营体系。对于团队组建，人才是网店运营的核心，所有的工作计划都需要通过人去执行完成。对于团队组建，根据战略销售目标和投入可大可小，并且应该是在具体的运营过程中进行逐步调整。

那么，运营一家成功的网店，需要一个什么样的团队呢？我们认为，一个完整的电商团队至少由以下岗位组成：运营总监、店铺主管、文案编辑、网页美工、企划推广、客服、仓储、财务等人员。其中，如果情况允许，文案策划还可分解成产品文案和传播文案，商品运营主要是对产品进行分析和规划，组织促销活动等。企划推广专注于利用直通车等各种网店工具进行网店推广。美工则负责店铺装修、产品宝贝页面设计、活动页面设计等。客服一定是了解产品知识、销售能力强、打字速度快并且了解网店文化的人员。仓储物流属于供应链体系，对于上规模的电商，供应链管理是核心竞争力。

组建团队需要明确岗位职责和分工，然后对招聘人员进行培训、管理和考核。

## 一、人员设置

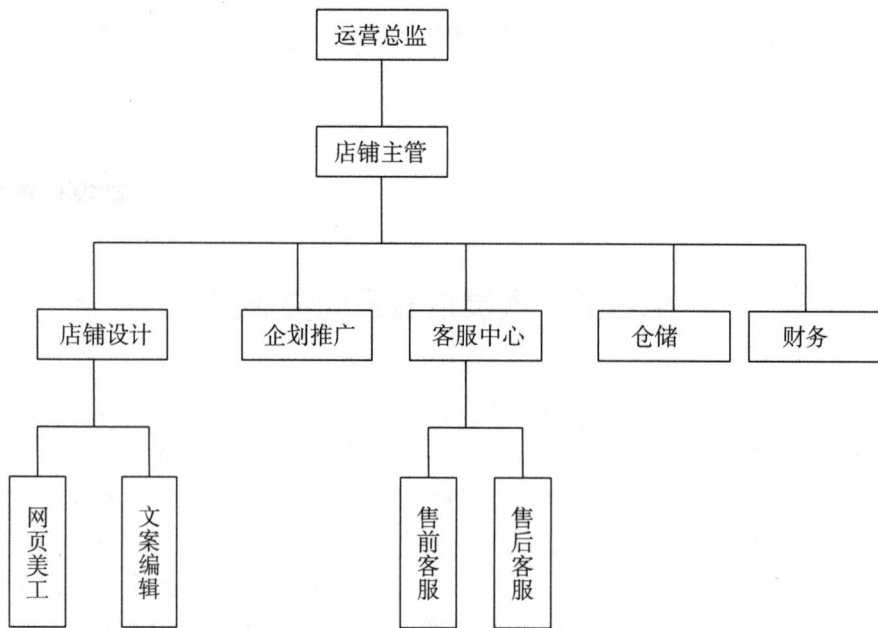

人员设置

## 二、岗位职责

### （一）运营总监

（1）负责店铺日常管理和运营。
（2）负责网店整体规划、营销、推广、客户关系管理等系统经营性工作。
（3）监督指导各部门的工作。
（4）决策店铺运营的各项方案。
（5）制订员工薪酬制度。
（6）制订销售计划，带领团队完成销售业绩目标。

### （二）店铺主管

（1）熟悉店铺运营流程和规则，指导协调各部门的工作，统筹店铺整体运营。
（2）制订各部门工作制度和岗位职责，细化岗位工作流程。
（3）执行与配合店铺相关营销活动，策划店铺促销活动方案。
（4）负责网店日常改版策划、上架、推广、销售、售后服务等经营与管理工作。
（5）负责网店日常维护，保证网店的正常运作，优化店铺及商品排名。
（6）负责收集市场和行业信息，提供有效应对方案。

（7）客户关系维护，处理相关客户投诉及纠纷。

（三）网页美工

（1）负责图片、动画、视频的制作和美化。
（2）负责店铺的整体形象设计、界面风格、色彩和布局。
（3）定期根据节假日、季节转换、店铺促销活动等制作网页模板。
（4）熟悉商品发布规则，梳理商品类目，负责商品的上架、更新、下架。

（四）文案编辑

（1）熟悉商品描述规则，负责商品描述的编写和修饰。
（2）负责促销活动文案的构思和编写。
（3）负责网店产品标题的编辑和修改。
（4）负责网页所有文字信息的校验和修改。

（五）企划推广

（1）熟悉商品知识，深入调研市场，充分了解客户需求，准确把握商品市场定位、价格定位和客户定位。
（2）熟悉商品推广规则和可利用的推广资源，依据市场调研数据制订、执行、跟踪商品的促销活动和推广方案。
（3）对店铺客户的流量、流量的来源、咨询的问题、订单量进行统计和分析，实时改进促销活动和推广方案。
（4）前期集中所有资源主推一两个商品，争取尽快盈利。
（5）研究竞争对手的推广方案，向运营总监提出推广建议。
（6）对数据进行分析和挖掘，向运营总监汇报推广效果。
（7）负责对店铺与标题关键字的策略优化、橱窗推荐、搜索引擎营销等推广工作。

（六）客服中心

1. 售前客服
（1）熟悉商品知识和卖点，掌握沟通技能和技巧，熟悉商品交易流程、商品交易规则。
（2）熟练使用旺旺、QQ 等聊天软件，为客户提供咨询服务，解答客户疑问，热情引导客户购物，达成订单。
（3）熟悉常用物流机构的价格、配送范围和运作流程，负责实时对商品的价格和库存进行调整修改。
（4）实时了解店铺的各项促销活动，协同企划部门改进促销活动和推广方案。
2. 售后客服
（1）熟悉商品知识、沟通技能和技巧、商品交易流程、商品交易规则。

（2）实时关注客户评价，对给予中、差评的客户进行及时沟通和安抚，争取得到客户认可；对好评的客户给予鼓励并拉近关系。

（3）客户投诉时耐心倾听客户陈述，了解客户诉求，解决客户问题；不能解决的及时报请主管部门。

（4）实时回访老客户，了解商品的效果，传达店铺最新的促销活动信息，促成二次订单。

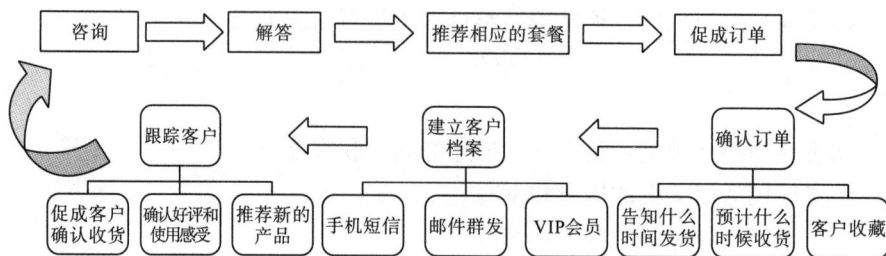

**客服中心流程图**

## （七）仓储部

（1）实时关注订单情况，确认订单信息，统筹备货，妥善包装，及时发货。

（2）实时登记商品入库、出库记录，统计库存商品报送售前客服。

（3）实时跟踪物流行程，发货前通知客户，发货中向客户反馈商品行程，客户签收后催款。

（4）负责网店备货和物资的验收、入库、堆放、储存、盘点、对账等工作。

（5）负责保持仓库内货品和环境的清洁、整齐和卫生工作。

（6）按发货单正确执行商品包装工作，准时准确完成包装任务。

（7）准确在网店后台输入发货单号，更改发货状态，对问题件能及时处理。

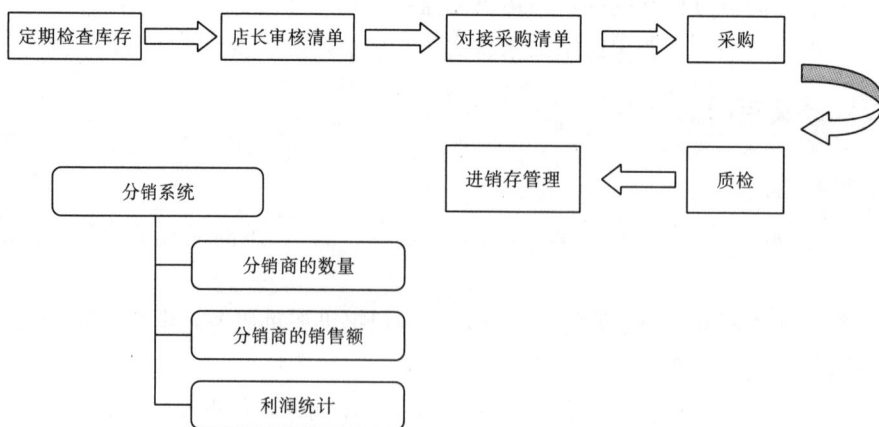

发快递的流程

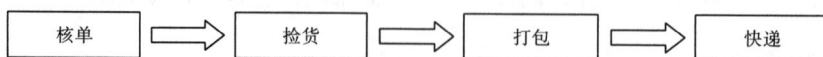

**仓储流程图**

## （八）财务部

（1）负责网店销售与到账资金的管理。
（2）负责网店与快递公司业务费用的管理。
（3）负责网店日常运营财务方面的处理。
（4）负责员工工资的发放。

# 第二节　人员的考核与激励机制

店铺在完成团队的组建之后，接下来最关心的就是如何管理员工和激励员工，管理和激励员工不是一件简单的事情，经常要面对这样的难题：员工绩效差怎么办？员工满腹牢骚怎么办？员工不求上进怎么办？作为一个店铺老板，员工的管理要考虑到方方面面才行，建立完善的人员考核和激励机制，按时发放工资、奖金、福利等，多进行人性化的管理并给予员工充分的信任。总之，员工管理要充分考虑到店铺发展和员工的特点，具体问题具体分析，灵活多变才能管理好员工。

## 一、全方位考核法

现在员工的生活压力都非常大，为此有些人拼命地工作。但如果员工努力的结果没有产生具体的数据，员工考核的时候也没有具体的依据，这样不仅对这些员工不公平，而且还容易打消他们努力工作的积极性。因此，对员工的考核，能量化的就全部量化。用分数来记录员工的工作情况，这样每个人都会有积分，店铺就可以依据积分的排名对某些员工进行涨薪和提拔，这也显得公平、公正。

人员的考核方法很多，本章节主要介绍比较适用的全方位考核法。

全方位考核法又称 360°考核法，最早被英特尔公司提出并加以实施运用。它通过员工自己、上级、客户、同事、下属等不同主体来了解其工作绩效。通过评论知晓各方面的意见，员工清楚自己的长处和短处，从而不断自我完善。其考核示意图如下：

**全方位考核法**

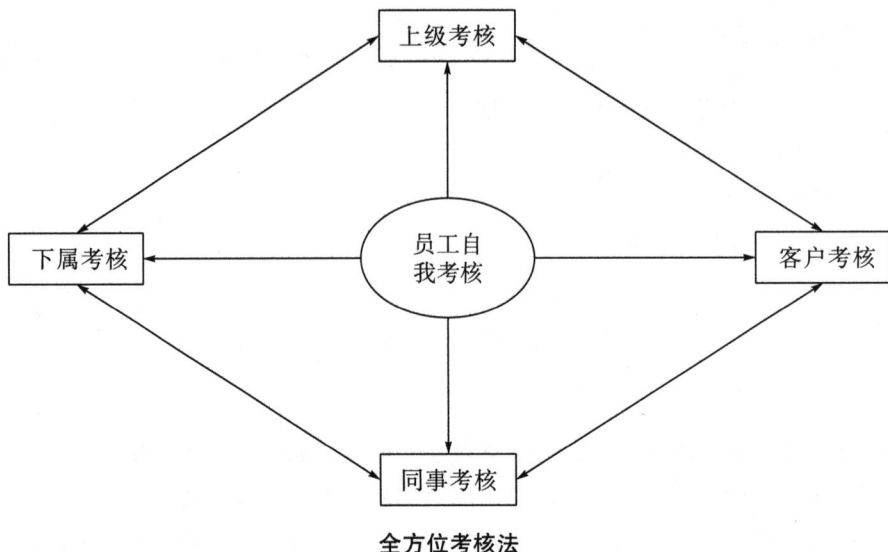

全方位考核法是常见的绩效考核方法之一，其特点是评价维度多元化（通常是 4 个或 4 个以上）。

（一）全方位考核法的优缺点

全方位考核法的优缺点是多方面的。

1．优点

全方位考核法的优点如图所示。

**全方位考核法的优点**

（1）考核结果更准确。

全方位考核法打破了由上级考核下属的传统考核制度，使得考核结果更准确，而且一个员工不可能干涉多个评价者，因此，该考核法能反映出不同考核者对于同一被考核者不同的看法，从而避免了传统考核中极容易发生的"光环效应""居中趋势""偏紧或偏松""个人偏见""考核盲点"等现象。

（2）反馈信息更全面。

全方位考核法能获得较全面的反馈信息，店铺可以根据反馈信息制定出有效的措施，有助于被考核者提升多方面的能力，还可以防止被考核者出现急功近利的行为。

（3）员工的积极性更高。

全方位考核法实际上是一种员工参与管理的方式。该考核法在一定程度上增加了他们的自主性，员工的积极性会提高，也会对组织更忠诚，还提高了员工的工作满意度。

2. 缺点

全方位考核法的缺点如图所示。

| 缺点一 | 工作量变大 |
|--------|------------|
| 缺点二 | 考核成本变高 |
| 缺点三 | 给了一些员工"公报私仇"的机会 |

**全方位考核法的缺点**

（1）工作量变大。

全方位考核法的考核结果来自员工自己、上级、客户、同事、下属等各方面的评估，而且店铺还要对所有员工进行考核制度的培训，所以工作量比较大。

（2）考核成本变高。

员工考核是多方面、多方位的，由于一个人要对多个同伴进行考核，因此，时间耗费多，成本消耗大，很可能会超过考核本身所带来的价值。

**（二）全方位考核法的操作步骤**

了解了全方位考核法的优缺点之后，下面再来介绍一下其反馈评价的操作步骤，其内容如图所示。

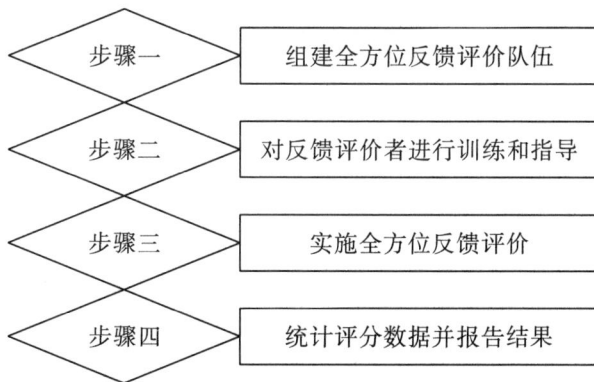

| 步骤一 | 组建全方位反馈评价队伍 |
|--------|------------------------|
| 步骤二 | 对反馈评价者进行训练和指导 |
| 步骤三 | 实施全方位反馈评价 |
| 步骤四 | 统计评分数据并报告结果 |

**全方位考核法的操作步骤**

步骤一：组建全方位反馈评价队伍。

选择反馈评价队伍时，无论是由被考评人自己选择还是由上级指定，都应该得到被考评者的同意，这样才能保证被考评者对结果的认同和接受。

步骤二：对反馈评价者进行训练和指导。

店铺应组织专业人员对被选拔的评价者提供反馈和评估方法的训练和指导。

步骤三：实施全方位反馈评价。

为了保证考核结果的有效性，店铺要对整个实施过程加强监控和标准化管理，此过程要从评价问卷的开封、发放、宣读指导语开始，到疑问解答、收卷和加封保密结束。

步骤四：统计评分数据并报告结果。

随着科技的发展，市面上已经有专门的全方位反馈评价软件，此软件支持统计评分和报告结果，包括多种统计图表的绘制和实时呈现，这样能使全方位考核反馈评价变得及时简洁。

【补充资料】

| 全方位考核表 | | | | | | |
|---|---|---|---|---|---|---|
| 被考核人： | | 部门： | | 职务： | | |
| 评价区间： 年 月 — 年 月 | | | | | | |
| 评价尺度及分数：杰出（4分）优秀（3分）良好（2分）一般（1分）较差（0分）极差（-1分） | | | | | | |
| 评价项目 | | 评价得分 | | | | | |
| | | 上级评价 | 同级评价 | 下级评价 | 客户评价 | 权重 | 备注 |
| 个人素质（20分） | 品德修养 | | | | | 4% | |
| | 个人仪表仪容 | | | | | 2% | |
| | 坚持真理，实事求是 | | | | | 6% | |
| | 意志坚定，不骄不躁 | | | | | 6% | |
| | 谦虚谨慎，勤奋好学 | | | | | 2% | |
| 工作态度（20分） | 热情度 | | | | | 3% | |
| | 信用度 | | | | | 6% | |
| | 责任感 | | | | | 5% | |
| | 纪律性 | | | | | 3% | |
| | 团队协作精神 | | | | | 3% | |
| 专业知识（20分） | 专业业务知识 | | | | | 6% | |
| | 相关专业知识 | | | | | 5% | |
| | 外语知识 | | | | | 2% | |
| | 计算机应用知识 | | | | | 3% | |
| | 获取新知识 | | | | | 4% | |
| 工作能力（20分） | 文字表达能力 | | | | | 4% | |
| | 逻辑思维能力 | | | | | 4% | |
| | 指导辅导能力 | | | | | 4% | |
| | 人际交往能力 | | | | | 5% | |
| | 组织、管理与协调能力 | | | | | 3% | |

续表

| 全方位考核表 | | | | | | |
|---|---|---|---|---|---|---|
| 工作成果<br>（20 分） | 工作目标的达成 | | | | 5% | |
| | 工作效率 | | | | 4% | |
| | 工作质量 | | | | 5% | |
| | 工作创新效能 | | | | 2% | |
| | 工作成本控制 | | | | 4% | |
| 分数合计 | | | | | 100% | |
| 工作表现综合评价 | | | | | | |
| 优势及劣势<br>项目分析 | 优势分析 | | | | | |
| | 劣势分析 | | | | | |
| 项目的建议<br>与训练 | 有待提高技能 | | | | | |
| | 参加培训项目 | | | | | |
| 工作预期 | 明年目标 | | | | | |
| | 预期表现 | | | | | |

（注：该表仅作参考使用，具体项目设置可根据店铺实际情况取舍）

## 二、员工的激励方法和机制

如果店铺能构建内部有效的激励机制，就能让员工自己"奔跑"。但如果让员工每个月都拿到固定的工资，这会很容易让他们有种"钱途"无望的感觉，长此以往，他们的工作积极性就会慢慢削弱，从而严重影响工作效率。但是，如果店铺为员工制定了相应的激励制度，那么他们会为了获得某项激励而努力达到店铺的要求，这样店铺员工的积极性就能被很好地调动起来。所以，给予员工合理的激励是店铺经营者不得不做的事情。

### （一）员工激励方法

激励员工的方法主要有两种：一种是现金激励法，另一种是非现金激励法。这两种激励法包括的内容主要有图示几种。

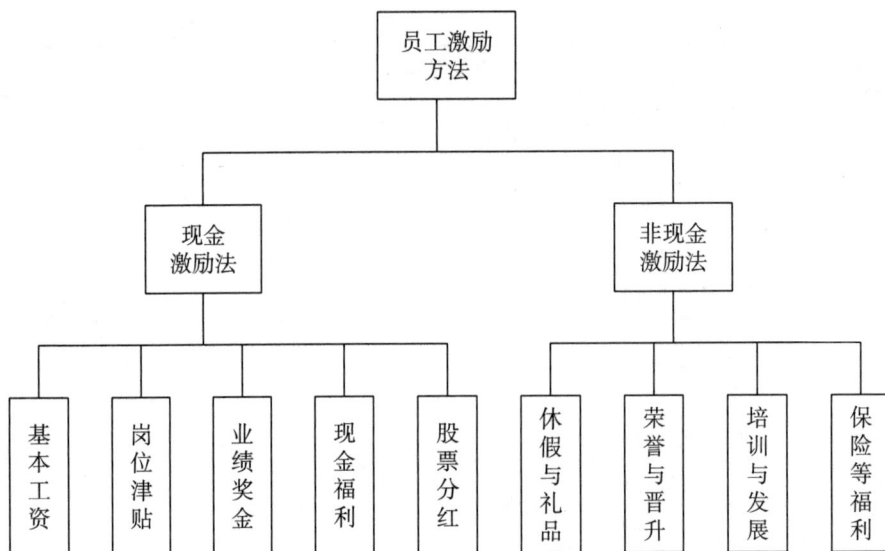

**员工激励方法**

## （二）员工激励机制

店铺激励员工的方法除了现金激励和非现金激励的方法以外，还要了解一些员工激励机制，其内容如下：

**员工的激励机制**

### 1. 榜样激励

榜样激励是指店铺对那些在工作中积极先进、成绩突出的员工或集体给予物质或口头上的肯定和表扬，并要求大家向这些员工学习，从而激发团体成员积极性的方法。榜样激励除了在员工中找到一个行为标杆外，店铺领导者也要以身作则，让自己成为员工的行为标杆。

### 2. 目标激励

目标激励是以设置的目标来激发员工的动机，引导员工的行为，使员工的个人目标与店铺目标紧密地联系在一起，从而激励员工的积极性、主动性和创造性。在目标激励中，目标是一种诱引，具有激励和导向的作用。因此，店铺可以采用目标激励法引发员工的工作积极性，店铺可以为每个员工设定适当的目标，诱发他们各自的动机和行为，达到调动员工积极性的目的。

### 3. 危机激励

危机激励是店铺领导要适时向员工灌输危机观念，比如，店铺领导可以告诉员工目前运营中遇到的瓶颈，或者员工所在部门目前遇到的问题，让员工感觉其他内部人员会超越自己，以督促自己想办法超过其他人。适当给员工一种危机感和紧迫感是很有必要的，这样才能激发员工的潜能。同时提出店铺新的目标与要求，让员工与店铺紧密配合，这样才能让员工与店铺携手共进。

4. 负激励

负激励是指当员工的行为不符合店铺目标时，店铺给予相关员工一定的惩罚，比如淘汰激励、批评、罚款、降职和开除等，以便抑制工作中的一些不良行为。店铺不能一味地采取正向激励，因为这种激励方式有时容易使人骄傲，所以适当采取一些负向激励，可以让心浮气躁的人保持清新的头脑，使整日沉浮幻想的人看清现实。但是，从现代管理理论和实践来看，店铺的负激励机制不能长期使用。在员工激励中，正面激励应远大于负面激励。

【拓展阅读】

## 激励员工的方法

1. 找到每个人的梦想，使员工相信你会努力帮助其实现梦想

团队当中有一个非常重要的因素，叫作信任。与下属打交道的时候，你们之间有一张信任的存折，如果你履行了承诺，就等于为这个存折存了一些钱；反之就是在透支。所以领导者最重要的能力就是沟通能力，领导的艺术就是沟通的艺术。由此可以把领导者分成四类人群：

①提出的愿景很多，并努力帮助下属实现；

②提出的愿景很多，可是没有做到；

③非常努力地去实现，却没有跟员工沟通；

④不去沟通，也不肯去实现。

一个优秀的领导者，最重要的品质就是言行一致，会使员工产生最大的信任感，不断往你信任的存折里面存进更多的款项，当他相信你会帮助他实现梦想和愿景，而他个人与企业的梦想和愿景达到吻合的时候，他会全力以赴。

2. 低效率靠管理，高效率靠激励

激励这个词可以分开理解，激叫作刺激，励叫作奖励。人的心灵的沟通很重要，所以可以通过一些刺激与奖励的行为来达到目的。

【事例1-1】

训练员训练海豚的跳跃，就是先拿一条绳子，如果海豚从绳子上面游过去，就会得到食物；从绳子下面游过去，就没有食物吃。在海豚接受了这种信息后，训练员不断提高绳子的高度，等到绳子高于水面后，海豚就要跳起来跃过绳子，跳过绳子后，海豚会得到更多的食物，这就是一种刺激和奖励，通过不断的训练，海豚可以从很高的绳子上面跳过去。后来，训练员把绳子干脆撤掉，海豚从高空中跳过去，也会得到食物。海豚终于明白，不管有没有绳子，它跳得越高，就会有更好的食物来吃，它已经被训练得很好了。

**【事例 1-2】**

企业有很多刺激和奖励的行为，但不一定都可以达到积极正面的效果，有时候也会适得其反。

有一天，农夫像平常一样来到地里干活，他发现有一条蛇，蛇的嘴里面含着一个青蛙，他想这只青蛙真可怜，被这只蛇抓到当成早餐。他就抓住那条蛇，把青蛙放了出来，青蛙非常感激地走掉了。蛇因为没有食品可以吃，就向农夫讨要，农夫觉得蛇也好可怜，就把随身带的一个酒葫芦摘下来，把酒给蛇喝了，蛇也非常感激地走开了。第二天，农夫又来耕田，昨天那条蛇又出现了，这一次蛇的嘴里含着两只青蛙，蛇想怎么样呢？喝酒。如果把刺激和奖励给予了错误的行为，错误的行为就会不断地重复出现。所以一定要认真分析。

### 3. 用员工的价值观来激励员工

每个企业的价值观是不同的，但要有统一的价值观，员工个人的价值观，虽然基本与统一的价值观相吻合，但还是会有个人具体的价值观。

一般说，一个领导者的管理幅度控制在 8 到 12 人之内，他是直接的管理者。了解这 8 到 12 人各自的价值观是什么，并用不同的方式来激励他们。

● 事业型的人想做出伟大的成就，那就用事业伟大的愿景去感召他；

● 家庭型的人重视家庭的感觉，要用完成工作能够带给家庭的快乐来激励他；

● 有的人非常注重健康，可以用健康的价值观来激励他，只要他工作得很好，他就有更多的时间和精力用于健康维护。

### 4. 把员工视为合作伙伴

如果想让一个人遵守规则，最好的方法就是让他来制订规则，因为规则是在他的参与下制订出来的，所以他会觉得务必要监督这项政策得到很好实施。这种利用人的参与性的方法也可以做一个激励。如果你把员工当作合作伙伴，他们就会表现得像合伙人，所以不管员工在公司当中有没有金融股份，你都一定要在语言上、态度上表现得像个合作伙伴，他也会表现得像合作伙伴一样为公司尽心尽力。

**【事例 1-3】**

山姆·威顿是沃尔玛公司的老板，他总共创办了 6000 多家商场，在全美各地有将近 3000 家，其中包括沃尔玛的商场，也包括像山姆会员店这样的批发场所。很多人都想知道他用什么样的方式发展得这么迅速，山姆·威顿讲的秘诀之一就是把你身边的每一个员工当作合作伙伴。当你把员工当作合作伙伴时，他们表现的就像合作伙伴一样，会真心地为你的顾客着想。

沃尔玛的商店推行一站式销售，商店里面卖各种各样的商品，大到很重的机器，小到很小的一根别针。可是有一个顾客要买的鱼竿牌子实在独特，沃尔玛商店没有销售，于是，沃尔玛的员工就带着顾客到竞争对手那里买到了这根鱼竿。

### 5. 吸引充满活力的员工带动群体

吸引充满活力的员工带动群体就是要吸引充满活力的、有自我激励能力的、可被激励的员工。群体内部有相互带动作用，如果群体当中的人有优秀的表现，其他的人也会去效仿他的表现。有活力的员工会把活力散发给周围的每一个伙伴，起到很好的示范作用，会让整个团体受到激励，让团队充满活力。

**【事例1-4】**

日本渔民长时间被一个问题困惑：他们捕捞的鲅鱼很不容易保存，在运输途中就会死掉很多，一直没有有效的方法。后来有人想了一个办法，放几条鲇鱼在鱼群当中，因为鲇鱼比较凶猛，而且特别爱动，不断地在水中穿梭，结果整个鱼群受到它的影响，全都充满活力起来，运输途中几乎没有什么死亡。这就是人们常说的"鲇鱼效应"。一方面是说有竞争才有活力，另一方面也说明了有活力的员工对团体的激励作用。

所以领导者需要观察哪些员工是充满活力的、可以激励他人的，通过这些人来带动团队。

### 6. 要拿出时间与员工沟通

领导者要拿出时间与员工沟通，使双方思想得到交流。

当一个领导者与员工开始沟通的时候，员工已经受到了很大的激励，说明你已经开始重视他，每个人在团队当中都想寻找重要感，而沟通的行为已经表现出你很重视他的存在，你很希望听取到他的建议，所以他会受到很大的激励。同时在沟通过程当中，你会发现很多很多的问题，并帮助员工及时解决。

**【事例1-5】**

美国卡斯特钢管公司的工人和管理人员有着非同寻常的开放式关系，管理人员努力保持信息沟通渠道的通畅，使很多员工把公司的同事都称之为"家庭成员"。一位员工说：在这里，职位高的人在工厂下班后也会与下属保持着联系，我还相信，其他人对我也很关心。我知道，我可以和他们任何一个人进行交谈，无论他们是公司的领导人，还是医务部门的领导人，或是其他什么人，这里总会有人愿意认真听你的问题，并愿为此而做些事情。他们是公司的"家庭成员"，而不是可有可无的人。

通过沟通，可以把员工拉到一个全局的角度，让他看事情的角度更全面，同样地，他也会做出更妥当的行为，所以一定会对公司产生更积极的影响。

### 7. 要满足员工的重要感

心理学家讲过一句话，一个人终其一生一直在不断地寻找，都是在寻找重要感。重要感是激励员工一个很重要的因素。对员工的奖励包括物质和精神两方面，都需要在会议上隆重颁发以示激励。

拿破仑讲过一句话，他说誓为徽章而死。徽章代表了团队至高无上的荣誉，所以，只要能够帮助团队夺得这枚徽章，就代表了他是团队当中最重要的人，这就是荣誉感的魅力。

如何激发团队领导人的荣誉感，如何激发员工的荣誉感，让每一个人为了团队而战，为了团队的荣誉去争取更大的成绩呢？这需要领导者想尽一切办法来满足员工的重要感。

**【事例1-6】**

世界著名化妆品企业玫琳凯公司每年都要为当年的销售状元举行一次集会，专门租借一个体育场召开表彰大会，并邀请一位演艺明星，让销售状元和明星同乘一辆车徐徐进入会场。与此同时，全场的员工一起大声呼喊销售状元的名字。这种至高无上的荣誉感激励着其他员工向着销售状元的目标努力，也使所有员工感受到团队对于优秀员工重要性的肯定。

### 8. 要把竞争机制引入到激励员工的方案中

业绩永远是比出来的，只有通过不断的竞争，人才会激发他无限的潜能。就像我们前面提及的"鲶鱼效应"是一样的，竞争是有效的激励手段。两个人跑步要比一个人跑轻松，竞争可以将人的荣誉感激发出来。另外，要想让团队更优秀，除了设计一套加强凝聚力的制度外，引入竞争机制也非常重要。人都有惰性，可是当竞争性表现出来的时候，就会为了团队的荣誉奋力一搏，他全身的潜能都会迸发出来。

**【练习】**

请回答下列问题：

自我分析：

①你所带领的下属的工作价值观都是什么样的？

_____

_____

②你工作的哪些方面需要下属员工来参与？让他们写出自己的意见。

_____

_____

③你最近要同哪几位优秀的伙伴进行沟通？

_____

_____

④你现在马上要采取什么样的行动？

_____

_____

_____

## 第三节　相应政策与法律法规

依法创业是创业成功的根本。创业者要自觉学习与企业经营有关的法律、法规，牢固树立遵纪守法意识，以防范和避免在经营过程中触犯法律、法规。同时，要树立自我保护意识，学会用法律武器保护企业权益不受侵害。此外，为了鼓励和支持大学毕业生创业，国务院办公厅及有关部门制定了一系列相关政策，了解、利用这些政策，无疑会为创业添油加力。

### 一、创业相关法规

涉及企业运营与管理的相关法律、法规和规章制度，规定了创业者参与经济生活的各种不同主体身份，以及各自的权利义务，了解这些法律法规是创业的基础。这些法律法规主要涉及以下 4 个方面。

（一）企业注册

我国实行企业注册资本制，对不同性质的出资人有明确规定。不同的组合方式，适用不同的法律。其主要有《中华人民共和国公司法》《中华人民共和国合伙企业法》《中华人民共和国个人独资企业法》《中华人民共和国外资企业法》《中华人民共和国中外合作经营企业法》《中华人民共和国中外合资经营企业法》。

（二）企业创办

涉及企业创办的相关法规主要有《中华人民共和国公司登记管理条例》《中华人民共和国企业法人登记管理条例》《企业名称登记管理规定》《税务登记管理办法》。

（三）企业经营管理

1. 企业纳税及其相关财经制度

其主要有《中华人民共和国税法》《中华人民共和国票据法》《中华人民共和国会计法》《中华人民共和国证券法》。

2. 规范企业市场交易活动的法律

其主要有《中华人民共和国合同法》《中华人民共和国担保法》《中华人民共和国产品质量法》《中华人民共和国反不正当竞争法》《中华人民共和国反垄断法》《中华人民共和国广告法》《中华人民共和国消费者权益保护法》。

3. 规范企业劳动关系的法律

其主要有《中华人民共和国劳动法》《中华人民共和国劳动合同法》《中华人民共和国就业促进法》《社会保险费征缴暂行条例》《社会保险登记管理暂行办法》《工伤保险

条例》《最低工资规定》。

### 4. 与知识产权相关的法律

其主要有《中华人民共和国著作权法》、《中华人民共和国民法通则》、《中华人民共和国专利法》及其实施细则、《中华人民共和国商标法》及其实施细则、《信息网络传播权保护条例》、《计算机软件保护条例》。

### 5. 与解决创业纠纷相关的法律

其主要有《中华人民共和国民事诉讼法》《中华人民共和国行政诉讼法》《中华人民共和国仲裁法》《中华人民共和国劳动争议调解仲裁法》。

### (四)特定行业管理

政府对特许经营的管理规定包括:创办生产型企业有《中华人民共和国工业产品生产许可证管理条例》;创办网络经营服务有《互联网上网服务营业场所管理条例》;其他,如文化、音像、演出、美容、旅馆、文物、化妆品、医疗器械、药品、食品生产、典当、拍卖、成品油、烟酒、农药等特许经营的管理规定。

## 二、国家扶持政策

### (一)企业登记注册方面

#### 1. 简化登记注册程序

凡高校毕业生(毕业后两年内,下同)申请从事个体经营或申办私营企业的,可通过各级工商部门注册大厅"绿色通道"优先登记注册。其经营范围除国家明令禁止的行业和商品外,一律放开核准经营。对限制性、专项性经营项目,允许其边申请边补办专项审批手续。对在科技园区、高新技术园区、经济技术开发区等经济特区申请设立个私企业的,特事特办,除了涉及必须前置审批的项目外,试行"承诺登记制"。申请人提交登记申请书、验资报告等主要登记材料,可先予颁发营业执照,让其在3个月内按规定补齐相关材料。

凡申请设立有限责任公司,以高校毕业生的人力资本、智力成果、工业产权、非专利技术等无形资产作为投资的,允许抵充40%的注册资本。

#### 2. 减免各类费用

对从事个体经营的高校毕业生,除国家限制的行业外,自工商行政管理部门登记注册之日起3年内免交登记类、管理类和证照类各项行政事业性收费。对参加中国个体劳动者协会(又称为个私协会)的,免收其1年会员费。对高校毕业生申办高新技术企业(含有限责任公司)的,其注册资本最低限额为10万元,如资金确有困难,允许其分期到位;申请的名称可以"高新技术""新技术""高科技"作为行业予以核准。高校毕业生从事社会服务等活动的,经居委会报所在地工商行政管理机关备案后,1年内免予办理工商注册登记,免收各项工商管理费用。在创业园和创业孵化基地创业的高校毕业生，自创办之日起，1 年内享受减免房租。

（二）金融贷款方面

1. 小额担保贷款和贴息支持

自 2010 年起，高校毕业生只要到人力资源和社会保障机构求职登记，就可以按规定申请小额担保贷款。从事微利项目的，可以按规定享受贴息扶持。对于合伙经营和组织起来就业的，贷款规模可以适当扩大。

2. 简化贷款手续

通过简化贷款手续，合理确定授信贷款额度，在一定的期限内周转使用。

3. 利率优惠

对创业贷款给予一定的优惠利率扶持，视贷款额度不同，在法定贷款利率基础上可适当下浮或上浮。

（三）税收缴纳方面

财政部、国家税务总局《关于支持和促进就业有关税收政策的通知》已明确，自 2011 年 1 月 1 日起，毕业年度（指毕业所在自然年，即 1 月 1 日至 12 月 31 日）内高校毕业生在校期间凭学校出具的相关证明，经学校所在地省级教育行政部门核实认定，取得高校毕业生自主创业证（仅在毕业年度适用），并向创业地公共就业服务机构申请取得就业失业登记证；高校毕业生离校后直接向创业地公共就业服务机构申领就业失业登记证，作为享受政策的凭证。

对持有就业失业登记证（注明"自主创业税收政策"或附着高校毕业生自主创业证）的人员从事个体经营（除建筑业、娱乐业以及销售不动产、转让土地使用权、广告业、房屋中介、桑拿、按摩、网吧、氧吧外）的，在 3 年内按每户每年 8000 元为限额依次扣减其当年实际应缴纳的营业税、城市维护建筑税、教育费附加和个人所得税。

（四）企业运营方面

（1）员工聘请和培训享受减免费优惠。对大学毕业生自主创办的企业，自工商部门批准其经营之日起 1 年内，可在政府人事、劳动保障行政部门所属的人才中介服务机构和公共职业介绍机构的网站免费查询人才、劳动力供求信息，免费发布招聘广告等。对于参加政府人事、劳动保障行政部门所属的人才中介服务机构和公共职业介绍机构举办的人才集市或人才、劳务交流活动，可准予适当减免交费。政府人事部门所属的人才中介服务机构免费为创办企业的毕业生、优惠为创办企业的员工提供一次培训、测评服务。登记失业的高校毕业生，参加人力资源和社会保障部门举办的创业培训，可享受职业培训补贴。

（2）社会保险参保有单独渠道。高校毕业生从事自主创业的，可在各级社会保险经办机构设立的个人缴费窗口办理社会保险参保手续。

（3）有创业意愿的高校毕业生。可免费获得公共就业服务部门提供的创业指导服务，包括项目开发、方案设计、风险评估、开业指导、融资服务、跟踪扶持等内容。

【拓展阅读】

# 四川省大学生就业创业扶持政策清单（2016 年版）

2017 年 02 月 27 日

## 前 言

大学生是宝贵的人才资源。四川省委、省政府高度重视大学生就业创业工作，出台了一系列政策措施。为切实做好大学生就业创业服务工作，方便大学生更加简捷明了地熟悉政策，2016 年，省就业创业工作联席会议办公室会同省级相关单位、部分市（州）人社部门和部分高校，全面梳理了我省大学生就业创业扶持政策，汇总编辑了《四川省大学生就业创业扶持政策清单（2016 年版）》，现印发各地、各高校和各成员单位，作为学习政策的参考资料。各地、各高校在使用本政策清单时，要注意结合自身实际和本地情况，切实把政策领会好、宣传好、落实好。

一、就业扶持政策

（一）离校前

1. 求职创业补贴。对在毕业年度有就业创业意愿并积极求职创业的低保家庭、残疾及获得国家助学贷款的高校毕业生，给予一次性 800 元补贴。由高校会同校区所在市（州）人社部门和财政部门负责办理。

2. 职业技能培训和鉴定补贴。在校大学生参加职业技能培训和鉴定，可以享受一次培训补贴和鉴定补贴。由校区所在地人社部门负责办理。

3. 家庭经济困难和就业困难毕业生帮扶补助。对家庭经济困难和就业困难毕业生，离校前给予一次性就业帮扶补助 400 元。由高校和教育厅负责办理。

4. 免费师范毕业生项目。由基础条件较好、培养能力较强的省属高等师范院校实施免费师范生培养工作。选拔乐教适教的优秀学生免费攻读师范类专业，为我省艰苦地区农村公办义务教育学校、幼儿园和特殊教育学校定向培养教师。免费师范生在校期间免缴学费、住宿费，并享受在校期间每学年 10 个月生活补助。优秀免费师范生按有关规定可同时享受奖学金资助政策。免费师范生与培养学校、生源地市（州）或报考服务地市（州）教育行政部门签订三方协议，毕业后从事教育教学工作时间不低于 8 年，其中，在县（市、区）以下农村义务教育学校和农村幼儿园［不含县（市、区）本级及城关镇］工作时间不低于 5 年。鼓励免费师范生长期执教、终身从教。免费师范毕业生在协议服务期内不能脱产提升学历。支持、鼓励免费师范生在职提升学历。

5. 机关考录公务员、事业单位招聘工作人员。高校应届毕业生毕业学年可报考市（州）及以下机关公务员。国家统一组织的政法体改生专项招考项目单设名额，定向招录高校应届毕业生。艰苦边远地区基层机关、事业单位公开招聘工作人员，对符合条件的大学生可考核招聘。落实降低门槛的政策措施，可放宽开考比例和专业限制，设置一定数量的岗位面向本地户籍大学生。公务员公招考试中，特殊困难家庭高校毕业生免收公共科目笔试考务费用。

6. 鼓励应征入伍服义务兵役。应征入伍的高校学生（含新生），服役期间保留学籍或入学资格，退役后2年内允许复学或入学。入伍时对其在校期间缴纳的学费实行一次性补偿或获得的国家助学贷款实行代偿，退役后自愿复学或入学的，学费减免标准：本专科学生每人每年最高不超过8000元，研究生每人每年最高不超过12000元。高职（专科）在校生（含高校新生）入伍经历可作为毕业实习经历；具有高职（专科）学历的毕业生，退役后免试入读成人本科；荣立三等功以上奖励的高职（专科）在校生（含高校新生），在完成高职（专科）学业后，免试入读普通本科；退役大学生士兵专升本实行招生计划单列，录取比例我省扩大至50%。面向退役大学生士兵硕士研究生实行专项招生；将服兵役情况纳入推免生遴选指标体系；在部队荣立二等功及以上的退役人员，符合研究生报名条件的可免试（指初试）攻读硕士研究生；将考研加分范围扩大至高校在校生（含高校新生），在继续实行普通高校应届毕业生退役后按规定享受加分政策的基础上，允许在完成本科学业后3年内参加全国硕士研究生招生考试，初试总分加10分，同等条件下优先录取。放宽退役大学生士兵复学转专业限制，退役后复学后，经学校同意并履行相关程序可转入本校其他专业学习。应届高校毕业生应征服兵役，退役后1年内可同等享受离校未就业高校毕业生就业扶持政策。

7. 建立大学生实训基地。支持高校实行校企对接，鼓励和支持大、中、小型企业接纳大学生实习，建立相对稳定的大学生实习基地。组织开展"逐梦计划"大学生实习活动。拓展就业实习、见习基地的领域和功能，积极培育、认定一批学科齐全、门类完备且集实习、见习功能于一体的实训基地。相关补贴按现行政策规定执行。由高校创办及高校与企业联办的大学科技园、电商基地，纳入实训基地认定范围。对认定的实训基地实行动态管理。

8. 高校双选会补助。对部分高校举办毕业生就业双选会予以支持。

（二）离校后

9. 就业见习补贴。离校1年内未就业毕业生，可参加3~12个月的就业见习，并享受就业见习补贴和人身意外伤害保险。就业见习补贴标准按当地最低工资标准的80%执行。其中，国家级见习基地补贴标准可上浮20%，省级见习基地补贴标准可上浮10%。对留用的毕业生，见习期应作为工龄计算。

10. 岗位补贴和社保补贴。离校1年内未就业毕业生灵活就业后，可享受最长2年、额度不超过实际缴费2/3的社保补贴。小微企业招用毕业年度高校毕业生，可给予1年的社保补贴（补贴企业缴纳的养老、医疗和失业保险）。用人单位招用认定为就业困难人员的大学生，可给予3年的社保补贴和岗位补贴。

11. 创业担保贷款及贴息。对当年新招用包括高校毕业生在内的符合创业担保贷款申请条件的人员达到企业现有在职职工总数30%（超过100人的企业达15%）以上并与其签订1年以上劳动合同的小微企业，经办金融机构可对其发放最高不超过200万元、期限不超过2年的创业担保贷款。财政部门按照贷款合同签订日贷款基础利率的50%给予贴息。

12. 艰苦地区工资高定。对到艰苦边远地区或国家扶贫开发重点县就业的高校毕业生，在机关工作的，试用期工资可直接按试用期满后工资确定，试用期满后级别工资高定1~2档；在事业单位工作的，可提前转正定级，转正定级时薪级工资高定1~2级。

13. 专业技术职称评定。到中小企业就业的大学生，在职称评定方面，享受国有企业事业单位同类人员同等待遇。解决城乡基层特别是基层岗位工作大学生的职称评定困难。在乡镇工作的，可免于职称外语、计算机应用能力考试。

14. 选调优秀大学毕业生到基层工作。全日制大学本科毕业及以上学历应届毕业生和服务期满、考核合格的在川服务基层项目毕业生符合选调生招录条件的，可按照选调生招录程序报考乡镇机关，最低服务年限为5年（含试用期）。

15. 鼓励参加"三支一扶"项目。从毕业2年内的全日制专科及以上学历的毕业生中，招募到农村基层从事支教、支农、支医和扶贫服务。服务期间，享受工作生活补贴（参照本地乡镇事业单位从高校毕业生中新聘用工作人员试用期满后工资收入水平确定，在艰苦边远地区工作的，发放艰苦边远地区津贴），参加社会保险（在建立补充医疗保险制度的地方，办理补充医疗保险），新招募且服务满6个月以上给予一次性安家补贴2000元；支医人员在乡镇卫生院的服务时间，计算为城市医生在晋升主治医师或副主任医师前到基层累计服务的时间；"三支一扶"服务年限计算为专业技术工作年限。服务期满考核合格，可报名参加服务基层项目人员中定向考录公务员的考试；可直接考核进入乡镇事业单位；报考事业单位工作人员时，在乡镇及以下每服务满1周年，笔试总成绩加2分，最高加6分；进入事业单位工作，不再约定试用期；服务期间考核合格满后3年内报考硕士研究生的，初试总分加10分，同等条件下优先录取；高职（高专）毕业生可免试入读成人高等学历教育专科起点本科；已被录取为研究生的应届高校毕业生，保留学籍；考录为公务员或事业单位工作人员后，其服务期计算工龄；按规定享受学费和助学贷款代偿政策；连续两年考核优秀并符合选拔条件的，可按选调生选拔程序充实到选调生队伍中。经服务单位所在县"三支一扶"办同意，按省"三支一扶"办统一安排，可续期服务2年。

16. 鼓励参加大学生村干部选聘。从全日制本科及以上学历毕业生中，定向推荐选聘大学生村干部。聘期两年。任职期间，享受村干部补贴（研究生2600元/月、本科生2200元/月，民族地区分别增加200元/月。年底考核合格的增发1个月补贴）。经选举担任村党组织书记和村民委员会主任的，保留大学生村干部补贴，同时可享受同级村干部补贴。养老保险、医疗保险参照当地乡镇事业单位干部标准执行。任职期满，服务期间考核合格，报考硕士研究生的，3年内享受"初试总分加10分，同等条件下优先录取"的优惠政策；可报名参加服务基层项目人员定向考录，考录为机关公务员和事业单位工作人员的，其聘任期计算工龄。

17. 鼓励参加"农村义务教育阶段学校教师特设岗位"项目。从师范类专业应届专科毕业生、具备教师资格条件的应届本科及以上学历毕业生和取得教师资格证、同时具有一定教育教学实践经验、年龄在30岁以下往届本科及以上学历毕业生中，招聘到项目实施县的村小任教。聘期3年，其间执行国家统一的工资制度和标准（包括绩效工资，其他津补贴由各地根据当地同等条件公办教师年收入水平和中央补助水平综合确定）。享受当地相应社会保障待遇。服务期满、每年年度考核合格，且自愿留在本地学校的，在编制和岗位总量内，经县教育部门审核，县人社部门批准，由县教育部门办理事业单位人员聘用手续。期满报考硕士研究生的，3年内享受"初试总分加10分，同等条件下优先录取"的优惠政策。推荐免试攻读教育硕士，三年聘期视同"农村学校教育硕士师资培养计划"要求的三年基层教学实践。

18. 鼓励参加"大学生志愿服务西部计划"。从普通高等院校应届毕业生或在读研究生中选拔招募，实施基础教育、农业科技、医疗卫生、基层青年工作、基层社会管理等专项服务。服务期为1～3年，服务协议1年1签。服务期间，享受工作生活补贴（每人每月不低于1600元），所在地列入国家艰苦边远地区津贴范围的，执行所在地科员艰苦边远地区津贴标准，按月发放；在当地参加社会保险，统一为西部计划志愿者购买综合保障险。志愿者依实际服务年限计算服务期及工龄；服务期满，可报名参加从服务基层项目大学生中定向考录公务员的考试；服务期满，服务期间考核合格报考硕士研究生的，3年内享受"初试总分加10分，同等条件下优先录取"的优惠政策；报考事业单位工作人员时享受相关优惠政策。

19. 公开国有企业招聘应届高校毕业生信息。国有企业要建立公开招聘应届高校毕业生制度，在企业官方网站和四川公共招聘网、四川省人才网上联合公开发布招聘信息。除涉密等不适宜公开招聘的特殊岗位外，坚持公开、平等、竞争、择优的原则，实行公开招聘，扩大选人用人范围，切实做到信息公开、过程公开、结果公开。

20. 基层单位就业学费补偿和国家助学贷款代偿。中央部门所属全日制普通高等学校应届毕业生，自愿到中西部地区和艰苦边远地区县以下基层单位工作、服务期在3年以上（含3年）的，可分年度向就读高校申请学费补偿和国家助学贷款代偿，资助标准为：本专科学生每年最高8000元、研究生每年最高12000元。省级部门所属全日制普通高等学校应届毕业生，到我省艰苦边远地区（国家规定的77个县市区）县以下基层单位，连续不间断服务满3年的，可向就业所在地县（市、区）教育局申请学费奖补。奖补金额按在校期间实际缴纳的学费计算（享受了部分减免的应予以扣除），每学年最高不超过6000元。

21. 鼓励应征入伍服义务兵役。对参军入伍的大学生（包括往届毕业生）发放一次性入伍奖励。设立"退役大学生士兵"专项硕士研究生招生计划，专门面向退役大学生士兵招生。应届毕业生应征入伍服义务兵役退役后3年内参加全国硕士研究生招生考试，初试总分加10分，同等条件下优先录取。对报考川内高校和研究生培养单位并通过全国硕士研究生招生考试（指初试）的退役大学生士兵，同等条件下，优先复试和录取。高校毕业生士兵退役后1年内，可视同当年的应届毕业生，凭用人单位录（聘）用手续，向原就读高校再次申请办理就业报到手续，户档随迁（直辖市按照有关规定执行）。退役高校毕业生士兵服现役，视为基层工作经历。国家统一组织的政法体改生专项招考项目中，单设名额定向招录大学生退役士兵。

22. 鼓励继续升学。落实专升本政策。对未就业本科毕业生，鼓励继续攻读"双学位"。

23. 税收优惠。自2015年5月1日至2016年12月31日，对商贸企业、服务型企业、劳动就业服务企业中的加工型企业和街道社区具有加工性质的小型企业实体，在新增加的岗位中，当年新招用在人力资源社会保障部门公共就业服务机构登记失业半年以上且持就业创业证或 2015 年 1 月 27 日前取得就业失业登记证（注明"企业吸纳税收政策"）的高校毕业生等人员，与其签订 1 年以上期限劳动合同并依法缴纳社会保险费的，在 3 年内以实际招用人数按每人每年 5200 元为定额依次扣减增值税（全面推开营改增试点前为营业税）、城市维护建设税、教育费附加、地方教育附加和企业所得税。纳税人在 2016 年 12 月 31 日未享受满 3 年的，可继续享受至 3 年期满为止。

24. 中小企业补助。招收高校毕业生达到当年新增职工人数 20％及以上的中小企业，申报中小企业补助项目时，应优先考虑安排扶持中小企业发展资金，并优先提供技术改造贷款贴息。

25. 鼓励科研项目单位吸纳就业。高校、科研机构和企业，在所承担的民口科技重大专项、"973"计划、"863"计划、科技支撑计划、国家自然科学基金以及省级各类科技计划等重大重点项目实施过程中，通过签订项目聘用合同聘用优秀高校毕业生为研究助理或辅助人员参与研究工作，聘用高校毕业生的劳务性费用和有关社会保险费补助可从项目经费中列支。合同期满，根据工作需要可以续聘或到其他岗位就业，就业后工龄与参与研究期间的工作时间合并计算，社会保险缴费年限合并计算。

二、创业扶持政策

（一）扶持创业大学生

26. 扶持对象。省内普通高等学校全日制在校大学生和毕业 5 年内、处于登记失业状态的普通高等学校全日制毕业生（含国家承认学历的留学回国人员）。服务基层项目的大学生同等享受大学生创业培训补贴和创业补贴。大学生村干部、服务期满"三支一扶"人员可按规定享受创业担保贷款政策。

27. 创业培训补贴。大学生可在常住地（在校生可在就读高校）参加创业培训并取得培训合格证的，可享受培训补贴。在校大学生可以利用周末、节假日和晚自习等时间，在 40 天内完成规定的培训内容。

28. 创业补贴。对大学生创业实体和创业项目，给予 1 万元补贴。领办多个创业项目，最高不超过 10 万元。

29. 省级创业大赛获奖项目前期孵化补助。对省级及以上相关部门（单位）组织的创业大赛获奖项目，进入前期孵化，可享受 5 万～20 万元的补助。

30. 创业担保贷款贴息。高校毕业生创业可申请贷款额度最高不超过 10 万元、贷款期限最长不超过 3 年的创业担保贷款，贷款利率可在贷款合同签订日贷款基础利率的基础上上浮一定幅度，其中：贫困地区（含国家扶贫开发工作重点县、全国 14 个集中连片特殊困难地区）上浮不超过 3 个百分点，其余地区上浮不超过 2 个百分点（含）。对贫困地区高校毕业生由财政部门给予全额贴息；对其余地区高校毕业生由财政部门第 1 年给予全额贴息，第 2 年贴息 2/3，第 3 年贴息 1/3。同时，由政府设立担保基金提供担保。

领办创业实体的在校大学生，可向就读高校申请额度不超过 10 万元、期限不超过 2 年的创业担保贷款。获得贷款后，由所在县（市、区）人社部门负责贴息。

31. 创业吸纳就业奖励。大学生创业实体吸纳就业并按规定缴纳社会保险费的，可向创业所在地公共就业服务机构申请一次性奖励。招用 3 人（含 3 人）以下的按每人

2000 元给予奖励，招用 3 人以上的每增加 1 人给予 3000 元奖励，总额最高不超过 10 万元。

32. 青年创业基金贷款。创业大学生可向创业所在地市（州）团委申请额度不超过 10 万元、期限不超过 3 年的免息、免担保青年创业基金贷款，并配备一名志愿者导师"一对一"帮扶。在蓉在校大学生创业，可向省大学生创新创业活动中心申请。

33. 新型职业农民培育。在项目区域内，将符合政策条件的从事农业就业创业的大学生纳入新型职业农民培育计划，享受培训补贴。

34. 税费减免。2016 年 12 月 31 日前，对持就业创业证（注明"自主创业税收政策"或"毕业年度内自主创业税收政策"）或 2015 年 1 月 27 日前取得的就业失业登记证（注明"自主创业税收政策"或"毕业年度内自主创业税收政策"）的大学生从事个体经营的，在 3 年内按每户每年 9600 元为限额依次扣减其当年实际应缴纳的增值税（全面推开营改增试点前为营业税）、城市维护建设税、教育费附加、地方教育附加和个人所得税。毕业 2 年内从事个体经营（除国家限制的行业外）的大学生，自登记之日起，3 年内免收管理类、登记类和证照类等有关行政事业性收费。

35. 创业典型补助。省委组织部（省人才办）会同人力资源社会保障厅、教育厅、团省委定期开展优秀大学生创业典型评选，并给予创业典型每人 10 万元的奖励性资助。

36. 科技创新苗子补助。科技厅采取"人才＋项目"的方式，对大学生创新创业给予支持，其中，重点项目补助 10 万元/个，培育项目补助 2 万～5 万元/个。

（二）扶持创业服务平台和创业指导专家

37. 省级大学生创新创业园区（孵化基地）补贴。对评定为省级大学生创新创业园区（孵化基地）的，由人力资源和社会保障厅给予 30 万元补助；对每年复核合格的省级大学生创新创业园区（孵化基地），由人力资源和社会保障厅给予 15 万元补助。

38. 创业指导补贴。县级以上人社部门认定的创业专家、顾问，为大学生创业提供指导服务的，给予一定补贴。

39. 大学生创新创业园区补助。根据大学生创新创业园规模和发展情况，由科技厅、经信委、发改委给予 100 万元至 500 万元的资金补助。对在"51025"重点产业园区中的创新创业园，所需补助资金从科技厅管理的创新驱动发展专项资金、省经信委管理的产业园区产业发展引导资金等列支，对在其他园区中的创新创业园，由市（州）、县（市、区）政府给予资金补助。

40. 科技创新苗子基地补助。重点支持大学生创新创业苗圃等基地建设，补助不超过 100 万元/个。

41. 省级大学生创新创业俱乐部补助。对高校自建或与省级以上产业园区共建并经认定的省级大学生创新创业俱乐部，省委组织部一次性给予 100 万～300 万元的一次性补助，各地各高校按不低于补足总额的 50％给予配套。

（三）扶持创业服务活动

42. 创业活动补贴。县级以上人社部门和省级相关部门为增强大学生创业意识，提高大学生创业能力，举办创业讲座、报告、大赛、表彰、宣传等活动，可给予大学生创业活动补贴。

## 三、综合扶持政策

43. 取消户籍限制。农村户籍、异地户籍离校未就业高校毕业生，可凭本人居民身份证、毕业证、居住证（暂住证），在常住地公共就业服务机构办理失业登记，领取就业创业证，享受相关扶持政策。

44. 享受公共就业创业服务。公共就业人才服务机构为大学生提供免费的就业失业登记、职业指导、职业介绍、就业见习、人事档案管理等公共就业服务，以及项目选择、开业指导、投（融）资等公共创业服务。各地将符合当地住房保障条件的稳定就业创业的大学生纳入住房保障范围，支持使用住房公积金贷款购房，使其留得下、稳得住、有发展。

45. 就业创业指导教师队伍建设。建设职业化、专业化、专家化的就业创业指导工作队伍，建立相关专业教师、创新创业教育专职教师每2年至少2个月到行业企业挂职锻炼制度。高等学校、园区对作出贡献的导师，在工作量认定、职称评定、待遇报酬等方面给予激励。专职就业指导教师和专职工作人员，与应届毕业生的比例原则上不低于1：500。

46. 学分管理。高校将就业创业课程列入必修课或必选课，纳入学分管理。建立创新创业档案和成绩单，实施弹性学制、保留学籍休学创新创业等具体措施，优先支持参与创新创业的学生转入相关专业学习。设置合理的创新创业学分，建立创新创业学分积累与转换制度，设立创新创业奖学金。

**【自我测试】**

# 你是否适合创业？

请从以下选项中选出一个答案，看看自己是否适合创业。

当你的朋友或其他人到一间饭店或酒店里用餐，你点菜通常是：

A. 不管别人，只点自己想吃的菜。

B. 点和别人同样的菜。

C. 先说出自己想吃的东西。

D. 先点好，再视周围情形而变动。

E. 犹犹豫豫，点菜慢吞吞的。

F. 先请店员说明菜的情况后再点菜。

结果分析：

A. 你是一个乐观、完全不拘小节的人。做事果断，容易跨出创业的第一步，但是否正确却难说。

B. 这种人多是顺从型的，做事慎重，往往忽视了自我的存在。对自己的想法没有自信，常立刻顺从别人的意见，这种人是易受人影响的，不适合创业。

C. 性格直爽、胸襟开阔，难以启齿的事也能轻而易举，若无其事地说出来。这种人待人不拘小节，可能是为人缘故，有时说话尖刻，也不会被人记恨，适合创业。

D. 小心谨慎，在工作和交友上易犹豫的人。此类型的人给人的印象是软弱的。想象力丰富，但太拘泥于细节，缺乏掌握全局的意识，在创业中千万不可犹豫不决。

E. 做事一丝不苟，安全第一。但你的谨慎往往是因为过分考虑对方立场所致。你能够真诚地听取别人的劝说，但不应该忘掉自己的观点，应该说比较有创业优势。

F. 自尊心强的人，讨厌别人的指挥，在做任何事之前，总是坚持自己的主张。做任何事都追求不同凡响。做事积极，在待人方面，重视双方的面子。如果谦虚，将对创业更有帮助。

**【拓展训练】**

请撰写"我的第一个创业计划"。

请选择一个自己感兴趣的创业项目，搜集资料，分析情况后填写下表，尝试运作自己的第一个创业计划。

| （　　　　　）创业计划书 | |
|---|---|
| 企业名称 | |
| 企业地址 | |
| 企业性质 | |
| 负责人姓名和住址 | |
| 筹措资金陈述 | |
| 行业分析 | 1. 项目开发意图及市场前景<br>2. 竞争情况分析<br>3. 市场划分<br>4. 行业预测 |
| 生产（经营）计划 | 1. 生产（经营）条件（厂房、机器、设备等）<br>2. 劳动力组合情况<br>3. 生产（经营）能力估计<br>4. 货源供应情况 |
| 营销策略 | 1. 定价<br>2. 分销<br>3. 促销<br>4. 产品市场预测 |
| 财务计划 | 1. 资金的来源和运用<br>2. 损益预测<br>3. 盈亏平衡分析<br>4. 资产负债预测<br>5. 现金流预测 |
| 人员及组织结构 | 1. 合作伙伴<br>2. 团队介绍<br>3. 团队成员的角色和责任 |
| 其他 | 1. 市场调研分析（包括原材料报价）<br>2. 相关法律法规<br>3. 合同 |

# 第四章　网络营销

广义的网络营销是指以互联网为主要手段进行的，为达到一定营销目的的营销活动。本章将以淘宝网为例，基于淘宝平台，从店铺装修、后台操作、影响转化的因素、营销工具等方面进行描述，确保在了解主流平台基本规则的基础上，能够基本实现汽车配件网店的运转。

## 第一节　店铺装修

店铺装修是经营好一个网店的基础，一个装修风格符合产品受众的店铺更能够刺激消费。如何拍摄效果良好的产品图，如何合理布局宝贝详情页面，如何让客户看到清晰、逼真的照片非常重要。因为通过网络购物中的客户往往比较感性，一张漂亮的产品图可以让宝贝在众多产品中脱颖而出。因此，本章将围绕宝贝拍摄、基本的照片处理技巧、标题设置和优化、商品发布等方面进行描述。

### 一、商品拍摄的基本技巧

#### （一）摄影器材选择

目前市面上摄影器材种类繁多，型号和价格差异也非常明显，拍摄效果也越来越好，如何选择一款价格合理且适合的摄影器材呢？

1. 认识数码相机

数码相机也叫数字式相机，英文全称 Digital Camera，简称 DC。数码相机是集光学、机械、电子一体化的产品。它集成了影像信息的转换、存储和传输等部件，具有数字化存取模式，与电脑交互处理和实时拍摄等特点。

按照我们生活中最直观的用途可以将数码相机简单分为单反相机、卡片相机、长焦相机。单反数码相机指的是单镜头反光数码相机；卡片数码相机在业界内没有明确的概念，仅指那些小巧的外形、相对较轻的机身以及超薄时尚的相机；长焦数码相机指的是具有较大光学变焦倍数的机型，能拍摄较远景物的相机。

2. 数码相机选购

网上开店需要详尽的产品图，对拍摄也有一定的要求，所以大多店主都有自己选购摄影相机的打算，但是如何选购一款合适的数码相机是很多人的疑惑。下面介绍选购数码相机的一些注意事项。

(1) 品牌。购买数码相机时，很多人都会追求品牌，随后认定这个品牌的产品进行挑选和购买。但是在追求品牌时不可盲目，一定要考察产品好在哪里，与其他品牌同档次的产品又有何差异。同时应该做好全面准备，确定几个备选品牌和型号，提前掌握相关信息和资料，避免在现场选购时盲目听从导购意见。同时应该对比不同品牌的售前服务、售中服务和售后服务，多上网查询相关信息，对比网络评价以及对可能出现的问题进行了解。

数码相机品牌示意表：

| 企业名称 | 品牌 | 品牌历史/创立时间 |
|---|---|---|
| 美国 JK Imaging 公司 | 柯达相机 Kodak | 1888 年 |
| 徕卡相机贸易（上海）有限公司 | Leica 徕卡 | 1907 年 |
| 尼康映像仪器销售（中国）有限公司 | Nikon 尼康 | 1917 年 |
| 富士胶片（中国）投资有限公司 | FUJIFILM 富士 | 1917 年 |
| 松下电器（中国）有限公司 | Panasonic 松下 | 1918 年 |
| 奥林巴斯（中国）有限公司 | OLYMPUS 奥林巴斯 | 1919 年 |
| 理光映像仪器商贸（上海）有限公司 | PENTAX 宾得 | 1919 年 |
| 理光（中国）投资有限公司 | RICOH 理光 | 1936 年 |
| 佳能（中国）有限公司 | Canon 佳能 | 1937 年 |
| 三星电子株式会社 | SAMSUNG 三星 | 1938 年 |
| 先锋电子（中国）投资有限公司 | Pioneer 先锋 | 1938 年 |
| 索尼（中国）有限公司 | SONY 索尼 | 1946 年 |
| 卡西欧（中国）贸易有限公司 | CASIO 卡西欧 | 1946 年 |
| 凤凰光学集团有限公司 | 凤凰 Phenix | 1960 年 |
| 适马贸易（上海）有限公司 | SIGMA 适马 | 1961 年 |

数据来源于买购网，网址：http://zhishi.maigoo.com/167357.html。

(2) 像素。数码相机最重要的技术指标就是它的像素。近年，提高像素技术的发展非常迅速，目前市面主流产品均已突破千万像素的大关，因此选购时不需要抱着"唯像素论"，过于关注像素而忽略其他配置。单纯以追求像素为购买原则选购的产品不一定是最好的。虽然像素越高照片的质量会越好，但是拍摄用于网络展示的照片，以淘宝网为例，其对商品图片的要求为：500×500 像素（一般最大不超过 1024 像素），大小在 120KB 以内，要求 JPG 或 GIF 格式。由此可见，网店商品图片对相机的像素值并没有太高的要求，像素过高还可能会因为超过规定大小而无法使用。

(3) 计算机查看拍摄照片。在选购数码相机时，一般大家都会去试用相机，随便拍摄几张照片看看效果，但是大家一般都是只在相机液晶屏上查看。实际上因为液晶屏太小，根本看不出效果好坏。建议在计算机上浏览，看看像素是否清晰、有没有偏色。

（4）认清相机中的变焦功能。变焦功能也是数码相机的一个重要技术指标，因此很多用户在选购时非常看重，并希望变焦功能越强大越好，以保障远距离拍摄质量。但是在选购时应该知道，数码相机变焦分为两种：光学变焦和数码变焦。光学变焦能通过镜头的变化，将拍摄物拉近；数码变焦只是简单地将像素点扩大。因此在实际拍照中影响拍摄效果的关键因素是光学变焦，数码变焦对拍摄效果的作用并不大。同时，由于网店需要详细的产品图，建议选购可以拍摄清晰近景的相机，能更好展示产品效果。

（5）存储卡容量。许多用户在选购数码相机时往往偏好存储容量较大的产品，认为大容量可以存储更多的照片，使用更方便。但是数码相机拍摄后可以看到拍摄效果，不满意可以立即删除并重新拍摄，如果相机自带存储不够用，最好的方法是携带笔记本电脑，随时将数据传输到电脑上，并且及时拍摄上传还可以避免数据太多分类缓慢出错等问题，因此选购时不必过于关注卡片存储容量。

（6）防抖。现在主流机型一般都具有防抖功能，不防抖与防抖相机功能相差不大，只要学会最基本的持机方式，基本都可以拍摄出清晰的照片，选购时不必将防抖作为硬性条件考虑。

（7）图像处理速度。照片拍摄后，数码相机必须将拍照的照片图像存储在储存卡中，图像处理的时间从几秒到几十秒不等，在此期间，相机无法正常工作，并且对震动也非常敏感，因此尽量选择处理时间较短的相机。

### （二）商品照片的拍摄

想要拍摄出精美的产品详情图，首先要对拍摄工作和灯光布置有一定了解，并且掌握基本的拍摄技巧，才能更好完成拍摄工作。

#### 1. 拍摄准备

（1）拍摄工具。在拍摄之前，先要了解并准备好相关工具，比如相机、摄影棚、棚灯等。相机的使用可以参阅使用说明书，里面有详尽的介绍，前期先多摸索，掌握手动功能在拍摄中产品效果的变化，并在网络上学习一些小技巧帮助更快熟悉拍摄过程；摄影棚主要用于拍摄一些小商品，比如一些零配件等商品，拍摄时利用摄影棚四周的反射光线，让拍摄的产品更加精美；棚灯通常和摄影棚一起使用，是商品室内拍摄的主要光源，建议灯光选用节冷光灯，因为冷光灯光线不会使商品色温发生较大变化。摄影棚的制作可以参考肉丁网，里面有很多制作教程，也可淘宝上直接购买使用。

（2）拍摄场景布置。拍摄场景的准备至关重要。在给商品拍摄时不是随意将商品放置在某处进行拍摄就行，想要了解场景布置，就需要对商品基本的环境要求有一定了解。拍摄背景和场景尽量简洁，背景以纯色为主。产品周围也不要放太多的点缀物，不能把商品放在一堆杂物中拍摄，这样就会主次不分，喧宾夺主，凸显不出产品。

#### 2. 拍摄技巧

（1）光源的角度。为了很好地表现出产品的形状和细节，一般需要选择同产品成大约45°角的侧光。灯光配置尽可能为两个以上，这样可以保证产品左右受光均匀，注意：灯光的数量及高低远近对产品都有一定影响。

（2）缩小拍摄距离。有时只是简单地离宝贝近一点，就可以得到更好的效果。可以拍摄一些产品细节图，对宝贝某个具有特色的地方进行特写拍摄，得到具有强烈视觉冲击力的照片。

（3）注意正确曝光，保证光线充足。拍摄过程尽量避免逆光拍摄，应该站在光线进来的方向顺着光线进行拍摄，如果在阴天或者阴影处拍摄就需要灯光配合，以保证光线充足。

（4）变换拍摄风格。拍摄宝贝不要总是局限在同一个场景、同一个角度，会给人一种一成不变的感觉，应该尝试多种拍摄方法或者变换多种拍摄场景。也可参考行业内优秀卖家的店铺拍摄风格和场景，借鉴其拍摄技巧进行创新拍摄。

## 二、商品照片的处理

精美的产品图片能给消费者带来视觉冲击，使得消费者产生愉悦的快感，增加销售成交量。淘宝和京东的图片都分为两种：一种是宝贝标题图片，也就是买家在搜索或者广告页看到的产品缩略图，可以通过该图片来大致了解卖家的产品是什么样子的；另一种就是宝贝的描述图片，也就是详情图，这部分图片对标题图片起到补充作用，图片更大且描述更详尽。本节将结合网店图片需求，讲解如何利用 Photoshop 软件对拍摄的照片进行基本的处理。

（一）照片初步处理

1. 调整照片角度

（1）启动 Photoshop，打开需要调整的照片。

（2）选择"图像"→"图像旋转"→"任意角度"命令。

（3）这时会弹出"旋转画布"的对话框，将角度设置为预估需要调整的数值，根据调整的方向选择"逆时针"或者"顺时针"，最后点击确认。

2. 照片缩放处理

在上传图片时，可能会经常遇到某些照片由于文件太大而无法上传的情况，这时就需要将这些照片调小一些。下面我们就来看看调整照片大小的具体操作方法。

（1）在 Photoshop 中打开需要调整的照片。

（2）选择"图像"→"图像大小"。

（3）这时会弹出"图像大小"的对话框，将在对话框中设置"宽度"和"高度"，单位可以选择"像素"或者"mm"。

（4）选中下边的"约束比例"复选框，最后点击确认。

3. 自由裁剪照片

（1）在 Photoshop 中打开需要调整的照片。

（2）选择工具箱中的"裁剪工具"→点击鼠标左键在图中拖动，以选择要保留的区域。

（3）在调整好裁剪的区域后，双击鼠标左键确定裁剪区域。

4．调整图片使其符合平台的商品发布要求

淘宝在不同的地方对图片的大小要求不一样，经常会涉及压缩图片。

（1）启动 Photoshop 打开需要调整的照片。

（2）选择文件→存储为→弹出存储为对话框→选择文件位置文件名→选中作为副本复选框→点击保存→弹出 jpeg 选项→将图片品质设置为 8→点击确认即完成图片压缩。

## （二）调整照片的效果

1．调整曝光

在拍摄图片时，可能经常会由于技术、天气、时间等因素，拍摄出的图片并不完美，最常见的问题就是曝光过度或者曝光不足。

（1）曝光不足。

①启动 Photoshop 打开图片→选择"图像→调整→曝光度"。

②在曝光度对话框中将曝光度的值增大，单击"确认"并保存。

（2）曝光过度。

①启动 Photoshop 打开图片→选择"图像→调整→曝光度"。

②在曝光度对话框中将曝光度的值减小，单击"确认"并保存。

2．调整对比度

为了突出图像的主题，对照片进行适当的调整是非常必要的，对照片进行对比度的处理，不仅可以处理光线，还可调整颜色，使图片更符合拍摄主题。

（1）打开需要处理的图片，按 Ctrl＋M 调出曲线调整窗口，点击查看预设菜单下面，选择对比度的预设。

（2）选择"增加对比度"，看图片效果已经达到预期效果，可使用这个。

（3）如果调整后仍不满意，可以自己手动调节曲线。曲线水平轴左边是阴影，右边是高光，在左边的点往下拉就是让暗的地方更暗，右边的点往上拉就是让亮的地方更亮，具体效果根据点的位置和上下变动幅度改变。直至调整的图片预览时已达到预期效果。

此外，还可用"图像"中的"自动对比度"命令和"色阶"命令调整图片对比度。

3．为照片添加水印或边框

为宝贝图片或者推广图片添加水印和边框或者背景，主要是为了突出宝贝信息，防止图片被他人盗用，统一店铺风格。

（1）添加水印方法：

①打开图片文件→选择工具中的"横排文字工具"，在图片上输入文字。

②打开"图层"，将不透明度设置为 35％～45％，水印就添加成功。

（2）添加边框方法：

Photoshop 描边的方法很简单，但是效果不好，推荐大家在网上找其他加边框的方法，比如光影魔术手，操作也很简单。

## 三、商品标题及描述优化

随着系统优化越来越完善，影响搜索的权重因素也越来越多，但是在众多影响因素中，标题是与买家搜索关键词联系最大且最直接的一个，因为买家输入关键词后系统会自动进行宝贝标题匹配，一个好的题目可以带来更多的展现结果。

（一）商品标题组合优化

1. 标题设置的基本原则

一个宝贝标题最多包含 60 个字符，也就是 30 个汉字，某些特殊类目除外。其中一个数字相当于一个字符，一个汉字相当于两个字符，一个空格相当于一个字符。商品的标题设计可以根据不同的组合方式进行，按照不同的组合排列方式，增加商品的浏览量，进而影响到商品的销量。组合方式为：

促销、特性、形容词＋商品关键词；

地域特点＋品牌＋商品关键词；

店铺名称＋品牌、型号＋商品关键词；

促销、特性、形容词＋品牌、型号＋商品关键词；

店铺名称＋促销、特性、形容词＋商品关键词；

促销、特性、形容词＋品牌、型号＋商品关键词。

这些组合无论怎样变化，一定要包含商品关键词，因为在搜索时最先使用的就是关键词，在关键词基础上加上其他特征描述可以增加被搜索到的机会。

2. 标题设置的要点

另外，要写出优秀的标题通常需要经验分析，选用哪一个组合则需要根据市场、商品竞争程度和目标群体的搜索习惯来确定。设置标题的时候需要参考产品特点、分析竞品和行业的情况，了解市场行情的点击、搜索、人气情况等信息，可利用搜索栏中热词，再对比竞品的相关数据，设置宝贝标题，并根据整体数据分析标题是否优质，若标题达不到行业水平及时进行调整。

（二）设置关键词

如果商品的标题中含有某一关键词，买家搜索该关键词时很可能就搜索到你的商品，从而带来销量。因此，需要了解关键词设置的原则和选取关键词的技巧。

1. 关键词设置的原则

（1）展现商品基本特性。比如描述一个车载手机支架，包含其特性"汽车内用""出风口""吸盘"等特性，且最终这些词都是去补充描述支架这个词，这里的关键词就是"支架"。

同理，另一个汽车配饰店铺内的座垫描述是"威朗""途观""夏季""全包"等词语补充描述"座垫"，这里的修饰词都是其特性或者品牌，最终的关键词只有"座垫"一个。

（2）突出商品卖点。即使商品中包含关键词，但是卖家数量多，排序默认的又是"按人气排名"，如何才能将自己的宝贝排在前面，仅仅靠关键词"座垫"就显得力不从心。这时标题中应该包含"四季通用""全包"这样的卖点，让买家进行长尾词搜索时能够缩小范围最终达到排名靠前的目的。

（3）标明商品优势。如果有活动或者促销，可在标题中加上"特价""促销""限量""包邮"等字样，以增加买家进入店铺的概率。

但是在设置关键词的时候，一定要了解平台最新的规则，不能使用平台明文禁止的关键词及描述语等，否则很可能受到店铺得分下降、被客户或其他商家投诉甚至关闭店铺等处罚。

2. 选取关键词的技巧

（1）搜索栏。输入"车载手机支架"进行搜索，就会出现一些相关的关联关键词，可以根据出现的关联关键词进行筛选，选择出符合自己产品且销量好或浏览量高的新关键词。

（2）淘宝排行榜。通过排行榜中搜索量非常大的关键词，将自己店铺的产品关键词结合起来，再根据销售排行、搜索排行等因素比较哪些词适合自己，把它记录下来。

（3）直通车。通过直通车关键词选择，查看想要设置关键词的价格、购买率、点击率及转化率等数据，并看关键词的质量分，最终选择合适的关键词。

（4）生意参谋。通过生意参谋数据信息对比分析得到优质关键词。

## （三）商品描述优化

网上购物影响买家是否购买的一个重要因素就是商品描述，好的商品描述可以节省大量回答顾客提问的时间，更可以留住没有咨询习惯的"懒惰"客户自主下单。多花时间完善描述可以节约客服去向客户解释的时间。一个优秀的宝贝描述等于一次优秀的营销，给客户一个无法拒绝购买的理由，给他们一个完全接受的购买"借口"，让他们心甘情愿购买产品。

在填写商品描述信息时卖家应该注意信息一定要详尽，尤其是商品图片无法展示的材料、产地、生产商、性能、售后服务等信息。对于同类产品的优势和特色信息也一定要详细反馈出来，增加产品的卖点吸引客户。其次，内容也要站在顾客的角度去完善，比如尺寸、市场价、重量、颜色、赠品、服务承诺等，让客户没有后顾之忧。如果不知道如何才算是完善的话，可以去参考同行的优质网店，看看别家店铺的商品描述是如何写的。

写好售后服务内容，并对容易产生纠纷和误会的地方做出明显标识，防止产生纠纷；并且将真实的买家评价放在页面中，增加顾客的信任感，将评价较好的评价置顶，证明宝贝货真价实，值得购买。

# 四、商品发布

## （一）合理安排上架时间，增加流量

新商品的上架并不是越早越好，选对商品发布上架的时间，才能让买家第一时间搜到您的商品。

## 1．产品上新基本情况

目前淘宝的自动搜索展示为千人千面，影响搜索排名的产品上下架时间只占很小部分比重，产品销量、收藏、加购物车等都会直接影响到其排名，买家通常在搜索宝贝的时候看到的都是快到期下架的宝贝哦，也就是说，越快下架的越排在前面，离下架时间越近的产品就越容易被买家搜到。同时，目前淘宝默认产品发布是 7 天，各店铺可根据行业及自身产品的特点，提前利用微淘等社区进行产品上新预告，增加被检索的机会。若产品数量多，可每日上新，保证每天都有上新和下架的产品，同时，根据店铺特点，设置每周上新的规律，向收藏店铺的老客户预告，形成规律，促进其主动浏览新品。

## 2．抓住商品发布的黄金时间段

在上架时间选择上需要注意，每天的早上 10：00—11：30，下午的 2：00—5：00，晚上的 8：00—10：00，这三个时间都是每天网购的高峰期，所以产品发布信息一定要选在这个黄金时间内。在上网人数多的时间段里，商品的浏览量也会随之上升，成交量便会提高。

当然，在黄金时段内每隔半个小时左右就发布一次新品信息可以达到更好的效果，这样就可以在上一个产品即将消失时，有新的产品获得新的靠前展示的机会，为网站带来更多流量，但是没有充分的时间和足够的时间很难支持这么做，店家可以根据自己的时间和产品量选择合适的上架时间。

但是，理论的黄金时间段并不一定适用于每个行业的产品，前期可在网购高峰期发布新产品，店铺运营进入正轨后，有一定经验的基础上可以摸索出更好的商品发布时间，以增加新品的浏览量和转化量。

### （二）选好橱窗推荐

橱窗推荐是淘宝网为卖家设计的特色功能，是提供给卖家展示和推荐宝贝的功能之一。橱窗推荐的宝贝会集中在宝贝列表页面的橱窗推荐中显示，每个卖家可根据信用级别和销售情况获得相应数量的橱窗推广展位，合理利用橱窗推荐商品。

## 1．选择推荐商品的原则

（1）热销产品。

热销产品是店铺内比较受欢迎、容易被消费者接受进而购买的产品，同时又有一定的销售基础和展现优势。推荐店铺内的热销产品，不但可以促进热销产品的展现量和转化，同时也可以为店铺内其他产品带来一定流量。

（2）高性价比产品。

高性价比产品可以是自己店铺内质量好、价格低的产品，也可以是相对于其他同类或相似产品更便宜的产品，对于消费者来说有一定的吸引力。这样的产品被推荐之后若有了展现量，则更容易被消费者购买。

（3）店内价格较低产品。

店内一般有 1～3 款低价产品，价格略低于店内其他产品，这样的产品是店内的引流款，是最容易被转化的，推荐这样的产品可提供这类产品的转化率。

（4）标题完善的产品。

推荐标题完善的产品，标题的字数有限制，越完善的标题包含的关键词越多，对产品的描述越清晰，就越容易被消费者检索到。

2. 推荐时间原则

优先把即将下架的产品作为橱窗推荐，如果没有足够的时间对店铺橱窗进行管理，可以选择离下架时间还有1~2天的产品进行橱窗推荐，过两天管理一次。合理使用橱窗推荐，可增加浏览量，并间接增加交易量。

**五、店铺装修**

做好图片准备，了解产品上传时间、注意事项等，也了解商品如何发布更为合理，接下来最重要的工作就是店铺装修。

进入店铺装修页面，根据产品特点确定店铺风格，装修过程中需要注意风格统一，界面清晰简洁，符合消费者使用习惯。装修中可先进行布局管理设计，确定好各模块位置，再进行页面编辑，确定各模块内容。精通编程的店家或者店铺美工可用 css 自行设计细节、修改颜色等，也可直接购买符合店铺主题的模板，应用于店铺上即完成装修。

# 第二节　各平台规章制度简介

国内主流的网上购物平台有淘宝和京东商城，其市场占有份额也是比重最高的。淘宝可以区分为淘宝网和天猫商城，商家入驻标准不一样，淘宝网门槛相对较低，天猫商城需要更多的资金、营业执照等资质才能申请成功。而京东商城除了自营产品，商家入驻和天猫商城一样，需要较多资质才能申请，门槛相对较高。对于在校大学生或应届生毕业生，其资金较少，前期更适合淘宝网注册开店，开店成本、运营成本及人工成本等相对较低，能够更容易顺利开展业务。本节将简要摘录两大平台行业规则，确保店铺顺利通过审核。

## 一、淘宝网平台规则

淘宝规则（网址：https://rule.taobao.com/index.htm），只有在用户出现违规的时候才适用。目的是：保障促进开放、透明、分享、责任的新商业文明，保障淘宝网用户合法权益，维护淘宝网正常经营秩序，根据《大淘宝宣言》及《淘宝网服务协议》，制定本规则。违规行为的认定与处理应基于淘宝认定的事实并严格依规执行。淘宝网用户在适用规则上一律平等。

[拓展阅读]

# 淘宝网汽车用品及配件行业标准

## 第一章　概述

**第一条**　【目的及依据】为了更好地规范淘宝网汽车用品及配件行业的市场管理，维护淘宝网汽车用品及配件行业的日常运营秩序，提高会员对汽车用品及配件类商品的购物体验，根据《淘宝规则》等相关规定，制定本标准。

**第二条**　【适用范围】本行业标准适用于淘宝网汽车用品及配件行业卖家。

**第三条**　【类目范围】一级类目"汽车/用品/配件/改装"。

**第四条**　【效力级别】本行业标准是对《淘宝规则》的有效补充。淘宝网卖家在汽车用品及配件行业下发布商品及信息均需同时遵守《淘宝规则》《淘宝禁售商品管理规范》等相关规则及本行业标准的规定。本标准有特殊规定的，按照本标准执行，未有规定的，依据《淘宝规则》《淘宝禁售商品管理规范》等相关规则执行。

## 第二章　商品发布

**第五条**　【商品发布】汽车用品及配件行业卖家需遵守《淘宝规则》《淘宝禁售商品管理规范》等关于商品及信息发布的相关规定。

（一）在发布商品时，需如实描述，不得对商品的实际效果进行不符的宣传。

（二）在发布商品时，需正确选择宝贝类型，二手商品不得选择全新宝贝类型，全新商品不得选择二手宝贝类型。

（三）对同一件商品的描述信息，包含但不限于商品资质信息、店铺基础信息（如店铺信誉等）、官方资质信息（如金牌卖家、极有家等）、标题、主图、属性、详情等位置的信息，应保证商品各要素间的一致性；同时也需要保障发布的商品信息与实际商品相符。

（四）商品发布到线上后，不得通过编辑商品类目、品牌、型号等关键属性使其成为另一款商品。

1. 将商品 A 修改成为完全不同品类的商品 B。

案例1：原出售商品为纸巾，现出售商品为汽车坐垫。

案例2：原出售商品为衣架，现出售商品为靠枕。

案例3：原纸巾和汽车坐垫发布在一个商品里，现出售商品为汽车坐垫。

2. 将商品 A 修改成为完全不同品牌的商品 B。

除上述要求外，汽车用品及配件行业卖家还须遵循以下发布要求：

**第六条**　【商品标题】

（一）需要包含自身产品品类词，不得带有任何与商品真实信息无关的文字或符号。

（二）不得将不同品类的品类词堆砌发布到同一个商品中。

（三）标题描述的品牌、型号、材质等信息应与属性区域信息保持一致。

错误示例1：标题为更多宝贝请联系客服，无商品品类词。

错误示例 2：座垫纸巾盒堆砌发布。

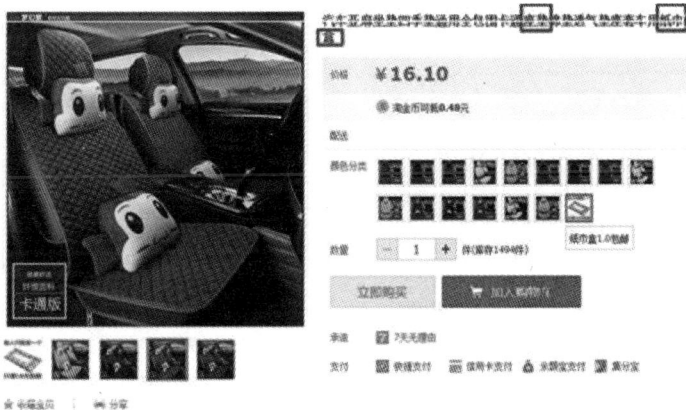

**第七条　【商品图片】**

（一）商品图片需为实物拍摄图，包含对应品牌官网图、杂志图等。以下情况不算实物图：其他品牌物品图片，主图中只有文字信息等。

（二）商品图片不得进行与商品信息无关的描述，比如出现外部网站的联系账号、二维码等广告信息，或出现虚假宣传信息等情形。

**第八条　【商品 SKU】**

SKU 定义：SKU 即 Stock Keeping Unit（库存量单位），是指宝贝的销售属性集合，供买家在下单时点选，如"规格""颜色分类""尺码"等。部分 SKU 的属性值可以由卖家自定义编辑，部分不可编辑。

发布的宝贝须遵循销售属性的本质内容，合理的范围下对 SKU 自定义编辑。SKU发布有以下几点需要注意：

（一）不得出现"产品标题为 A 产品，SKU 编辑内容为 B 产品"的情形。

错误示例：标题主体内容为坐垫，SKU 和主图显示商品为腰靠。

（二）不同品类的商品应以单独的商品链接进行发布，不得在 SKU 区域将不同商品以多个图片或文字的形式发布在同一个商品。

错误示例 1：垃圾袋和垃圾桶不得以多个图片的形式发布到同一个商品中。

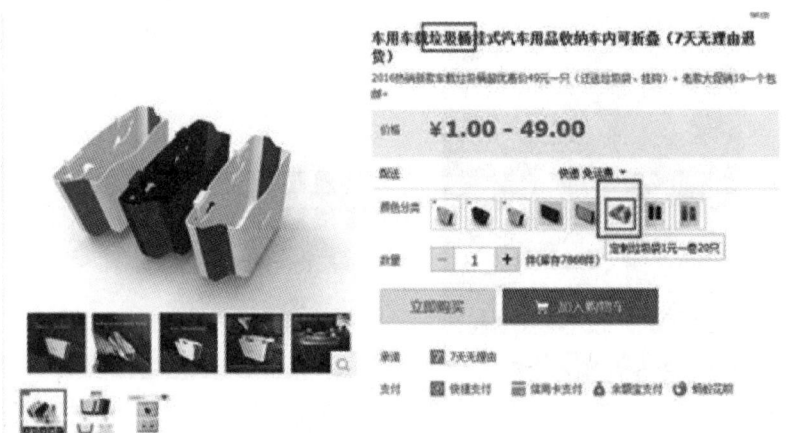

错误示例 2：坐垫和纸巾盒不得以多个 SKU 的形式发布到同一个商品中。

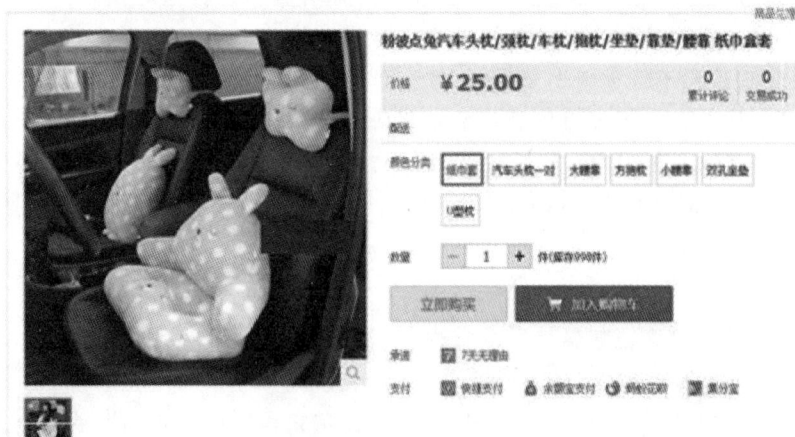

（三）不得在 SKU 中发布任何与商品真实信息无关的文字或图片描述，比如"周年庆""拍下联系客服"等。

错误示例：汽车坐垫商品中，SKU 信息写"周年庆"。

## 第三章　行为规范及争议处理

**第九条**　【如实描述】汽车用品及配件行业卖家应遵守《淘宝规则》关于如实描述的相关规定，并对其所售商品质量承担保证责任。若买家收到的货物与卖家的描述不相符，视为描述不符。

**第十条**　【交易承诺】卖家应遵守《淘宝规则》关于违背承诺的相关规定，承担相应的售后保障责任。卖家若未按照约定向买家提供承诺的服务，视为违背承诺。

**第十一条**　【争议处理】如交易双方有争议，按照《淘宝争议处理规范》规则执行。

**第十二条**　【品质抽检及违法行为处理】淘宝网将依据《淘宝网商品品质抽检规则》，对汽车用品及配件行业卖家商品进行定期或不定期抽检。汽车用品及配件类商品抽检标准详见"淘宝网抽检标准（汽配）"。

## 第四章　违规处理

**第十三条**　【违规处理】卖家违反本标准相关规定，淘宝网将依照《淘宝规则》《淘宝禁售商品管理规范》《滥发信息的认定和处罚的规则与实施细则》《淘宝网商品品质抽检规则》及其他相关规则对其进行处理。

## 第五章　附则

**第十四条**　本行业标准于 2016 年 12 月 2 日首次生效。

**第十五条**　淘宝网卖家在汽配行业下发布商品或信息的行为，发生在本行业标准生效之日或修订之日以前的，适用当时的规则。发生在本行业标准生效之日或修订之日以后的，适用本行业标准。

**淘宝网汽配行业违规处理方式一览表**

| 违规情形 | | 违规处理 |
| --- | --- | --- |
| 滥发信息 | 滥发信息，是指用户未按本规则及淘宝发布的其他管理内容（包括但不限于规则、规范、类目管理标准、行业标准等）要求发布商品或信息，妨害买家权益的行为。 | 依照《淘宝规则》滥发信息相关规定进行相应处理 |

| 违规情形 | | 违规处理 |
|---|---|---|
| 发布违禁信息 | 发布国家禁止出售的商品或信息，即《淘宝禁售商品管理规范》中构成严重违规行为的商品或信息，如发布由不具备生产资质的生产商生产的，不符合国家、地方、行业、企业强制性标准或符合淘宝公布的规则、淘宝与卖家签订的协议中采用的推荐性标准的商品（标识标签不合格除外） | 依据《淘宝禁售商品管理规范》的相关规定进行相应处理 |
| 发布禁售信息 | 发布《淘宝禁售商品管理规范》中构成一般违规行为的商品或信息，如发布标识标签中内容的标注形式不符合国家规定的商品 | 依据《淘宝禁售商品管理规范》的相关规定进行相应处理 |
| 市场管理 | 卖家出售经新闻媒体曝光、国家质监部门等行政管理部门通报，系质量不合格的线下某一品牌、品类、批次的商品或其他要求协查的商品 | 淘宝将依照其情形严重程度，采取下架商品、删除商品、商品监管、店铺监管、店铺屏蔽等处理措施对其进行临时性的市场管控 |
| 出售假冒商品 | 卖家存在出售假冒商品的行为 | 依照《淘宝规则》出售假冒商品的规定，进行相应处理 |
| 出售假冒材质商品 | 卖家对商品全部材质或成分信息的描述与买家收到的商品完全不符 | 依照《淘宝规则》进行相应处理 |
| 描述不符 | 买家收到的商品或经淘宝官方抽检的商品与达成交易时卖家对商品的描述不相符 | 依照《淘宝规则》描述不符的规定进行相应处理 |
| 其他违反《淘宝规则》的行为 | | 依照《淘宝规则》进行相应处理 |

## 二、京东规则

京东规则（网址：http://rule.jd.com/rule/index.action），商户可查看各行业相关规则、行业标准、推广及商品管理等信息。如有疑问也可进入规则论坛，向网友提问，在资料下载区、视频学习专区等相关栏目快速获得答案。

【拓展阅读】

# 京东开放平台行业标准

## ——汽车用品及配件行业

## 前言

为了提高京东开放平台汽车用品及配件类商品的整体商品品质，更好地规范卖家发布商品信息的行为，提高商品信息的精准度，统一网站商品信息发布规范，特拟定汽车用品及配件行业标准。

京东开放平台汽车用品及配件行业标准由京东制定，京东有权对本标准进行相关修订和解释。

本标准于 2014 年 06 月 03 日修订，于 2014 年 06 月 10 日起执行。

1　范围

本标准规定了在京东开放平台销售的汽车用品（含摩托车）及配件类商品所应遵循的发布规范和质量规范。

本标准适用于在京东开放平台销售的汽车用品（含摩托车）及配件类商品，包括汽车用品类目内所有商品。

2　商品信息发布规范

2.1　汽车用品及配件类商品信息发布规范

2.1.1　标题发布规范

1）一条完整的商品标题应当具有以下内容：中文品牌（英文品牌）＋基本属性（材质/功能/特征）＋商品品名＋规格参数（型号/颜色/尺寸/规格/用途/货号）（非必填）。

例如：欧司朗（OSRAM）夜行者二代－H1汽车车灯－12V 55W；

坦克（TankedRacing）电动车摩托车头盔－T505 黑色。

2）商品标题应与对应类目及卖家经营的品牌一致，不得出现与该商品无关内容，不得堆砌关键词；不同颜色、不同规格的商品应当建立多个 SKU；不得在标题前加热卖、新品、疯抢、直降、清仓、推荐、爆款、首发、正品、行货、包邮等促销语。

3）商品标题里除第 1）点里的标题元素外的内容统称为商品广告语，商品广告语要求语言精练、有营销理念，不得出现歧义、夸大商品功能及其他违反法律法规的情形。

2.1.2　主图发布规范

1）主图图片规格 800×800 像素，分辨率达到 72dpi，并且满画布居中显示，照片要保证亮度充足，真实还原商品色彩。第一张主图必须为商品主体正面实物图，要求纯白色背景（汽车内饰、座垫、脚垫等需要展示车内氛围的品类除外），第二张开始不强制要求白底。

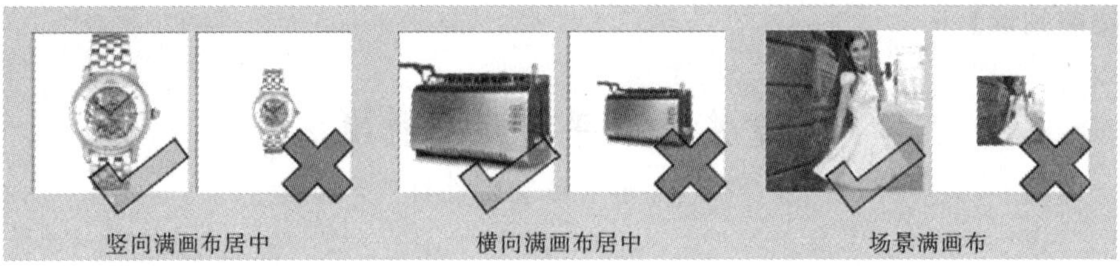

竖向满画布居中　　　　　横向满画布居中　　　　　场景满画布

2）每件商品需要提供 3 张及以上（含本数）不同角度展示细节的商品主图图片。属于强制 3C 认证范围的商品，须展示商品实物上的 3C 认证标志图，后几张主图建议展示商品实物细节、商品附件一览图或安装图等。

3）主图中呈现商品个数与销售最小单位保持一致。主图片展示商品的型号、颜色要与商品标题一致。

4）商品图片清晰不失真，不能有大面积黑投影或大区域反射环境物，不得出现拉伸变形压缩等非等比例缩放的情况。

5）图片不得拼接，不得出现水印，不得包含促销、夸大描述等文字说明，图片中不应该包括其他任何文字信息（包括日期、文字或其他网站名、LOGO 等）。如果实物产品附带安装或维修服务，可以在主图左上角标注服务范围，大小不能超过主图的 1/9。

### 2.1.3　商品价格描述规范

1）商品价格真实准确描述，单品及专题活动价格描述必须符合逻辑，售价一律以京东前端页面展示出来的京东价为准。单个商品信息有标识价格，点击进入商品详情页后京东价应与标识价格一致。

2）商品价格不得出现虚报价格、错误标注等情形，单品及专题活动价格描述不得混淆参考价（或建议零售价、专柜价、吊牌价）、京东价、促销价、折扣等信息。

### 2.1.4　店铺内品牌/店铺介绍、商品信息及活动说明总体设计规范

1）店铺内促销标签与单独商品标签涵盖的促销信息应一致。店铺内商品、活动等说明中不得出现如最低、第一、冠军、顶级、100%等绝对化用语，不得出现如原价、市场价、××特供、几折起、几折封顶、正品、行货、保真等字样，不得出现不能够实现的承诺内容，不得出现影响客户理解的错别字、词及歧义用语，卖家描述不得出现

"本公司、宝贝、亲、包邮"等不符合京东用语大环境的词句及其他非京东平台的元素内容。例如：促销标签为半价/5折促销，实际的商品售价也应为本次降价前7日内在京东平台成交的有交易票据的最低交易价格的5折（如前7日内没有交易价格，以本次降价前最后一次交易价格为准计算折扣）。

2）店铺页面设计所体现的内容应全部符合法律法规，且不得存在任何侵犯第三方合法权益的内容，否则卖家应承担全部赔偿责任（包括直接损失和间接损失）。

3）卖家进行店铺页面设计、商品信息编辑时应谨慎使用特殊字库字体（如方正字库、汉仪字库等），如确需使用，则卖家应确保已获得权利人的合法授权且在授权使用范围和授权期内使用，否则卖家应承担全部赔偿责任（包括直接损失和间接损失）。

4）店铺内不得出现其他非京东（JD. COM）平台的标识及其余明显复制、抄袭等可能涉及侵犯第三方合法权益的内容。

5）不得发布非京东（JD. COM）购物链接，或未经京东许可的第三方非京东（JD. COM）链接、银行账号、第三方支付账号、非京东平台IM即时通讯账号、电子邮箱、实体店地址及联系方式等信息。

### 2.1.5　商品详情描述规范

1）为保证消费者在购买商品时拥有充分知情权，便于消费者更全面地了解商品属性，卖家需在发布商品时明示商品的主要参数指标。卖家应根据所销售的商品实际属性录入参数，并及时维护，保证参数真实、正确、有效。具体商品主要参数指标包括但不仅限于如下内容：

①商品品牌名称；

②商品颜色、型号和规格；

③商品主要功能及参数信息，以商品品牌商官网参数为准，无官网参数的以商品外包装或商品说明为准；

④有材质属性的商品，除须标注主要材质种类、等级和含量或用量外，还应明示其使用部位；

⑤商品防伪信息提示；

⑥使用或安装介绍图；

⑦洗涤方法（车用纺织品）；

⑧商品执行标准：执行强制3C认证的商品需符合中国强制性商品认证制度的要求，并展示其商品3C认证的标志；

⑨售后内容。

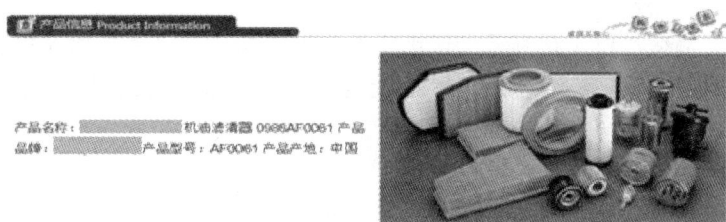

**汽车用品商品主要参数示例图1**

**汽车用品商品主要参数示例图 2**

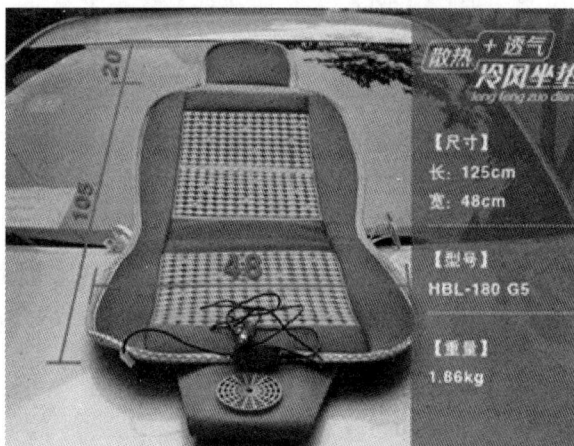

**汽车用品商品主要参数示例图 3**

2）商品描述建议图片和文字相结合，描述中的图片增加图片文字描述，描述信息可以为商品标题（注：图文结合，图片增加图片文字描述可提升商品搜索命中率），包括但不仅限于商品全景实物图、实物或外包装上的品牌信息、细节图、各类认证信息图、附件清单及外包装图，商品详情不得出现广告浮动窗口。

3）有京东独家、京东首发等信息的，必须由卖家向京东出示相关证明文件，经京东批准后方可使用。

4）商品详情页面如有活动链接图，图片上描述的促销时间不能过期，图片上描述的信息和点击进入商品详情页后的信息一致。

5）卖家应对使用图片拥有著作权或合法的使用权；对于详情图片中涉及模特肖像的，卖家应确保已获得肖像权人的授权，且在授权范围及有效期内合理使用。

6）京东开放平台的汽车用品及配件类商品除汽车商标所有人授权外，不能在商品上出现第三方的汽车商标。

7）商品详情页面图片建议宽度不超过 740px，高度不超过 1000px，单款颜色商品大图不超过 8 张。

8）商品描述图片少用或者不用 GIF 等闪烁、动态图片；Flash 不大于 1MB，格式为 swf、flv。

## 2.2 汽车用品及配件类商品标识标志规范

在京东开放平台上出售汽车用品及配件类商品的商品标识应使用规范简体中文标识，并包括以下内容：

（1）生产者名称和地址。产品的产地应当按照行政区划的地域概念进行标注。如果是进口商品需标注原产地（依据《中华人民共和国进出口货物原产地条例》予以确定）；3C 产品应标注 3C 认证企业名称；如果为委托产品应该同时标注委托方与生产方（生产方应该为 3C 持有者）。

（2）商品名称。

（3）商品型号和规格。

（4）采用原料的主要成分、含量和使用部位。

（5）洗涤方法（车用纺织品）。

（6）使用和贮藏条件的注意事项。

（7）商品使用期限。

（8）商品执行标准。

（9）商品质量等级。

（10）商品质量检验合格证明。

（11）属于强制执行强制 3C 认证的商品需符合中国强制性商品认证制度的要求，并有其商品 3C 认证的标志。

（12）车用纺织类商品，其商品标识标注须符合 GB 529.64—1998《消费品使用说明纺织品和服装使用说明》、GB 18401—2010《国家纺织商品基本安全技术规范》和 GB 18383—2007《絮用纤维制品通用技术要求》标准。

（13）法律、法规及相应国家标准规定必须标明的其他事项。

## 2.3 汽车用品及配件类商品质量规范

商品安全性必须符合中国强制性商品认证的要求。商品质量必须符合已有的国家标准、行业标准以及商品本身标注的商品标准（标注的执行标准应符合或高于国家标准/行业标准）。京东会不定期对在售汽车用品及配件类商品做抽检工作。

本行业标准的制定主要依据以下标准：

中国强制性商品认证制度；

GB 529.64—1998《消费品使用说明，纺织品和服装使用说明》；

GB 18401—2010《国家纺织商品基本安全技术规范》；

GB 18383—2007《絮用纤维制品通用技术要求》。

以上两篇仅为摘录的《淘宝网汽车用品及配件行业标准》和《京东开放平台行业标准——汽车用品及配件行业》，其作为最基础的标准，作为开店的必读标准，可指导店铺基础运营。更多规则、活动要求、违规处罚等详见各平台规则中心，避免因不熟悉规则给店铺带来损失。

同时用户必须认真及时查看各平台最新规则，各平台规则都在不定时地更新和完善中，避免自己的店铺相关内容与最新规则不符。

# 第三节　平台店铺后台基础功能操作

京东和淘宝网商家的后台功能差不多，涵盖的面也差不多，因此将以淘宝网为例对后台基础操作进行基础演示。

下图分别为京东和淘宝后台截图。

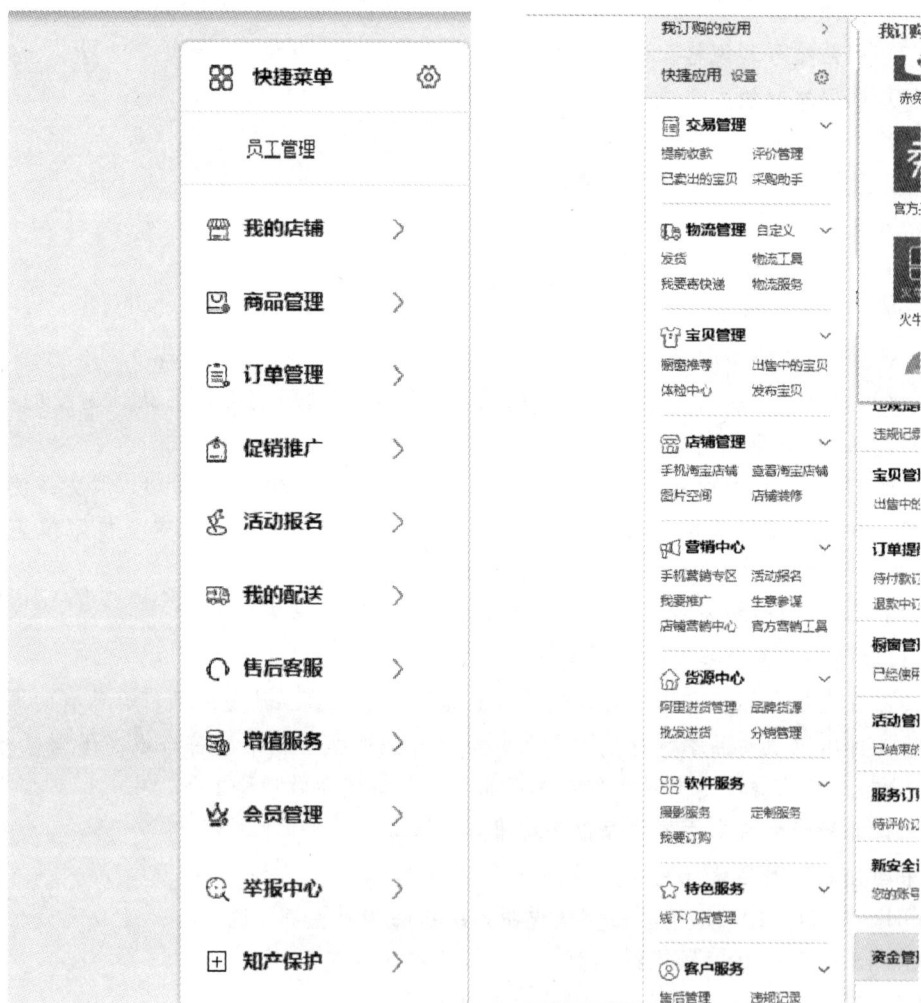

（一）上传宝贝

## 1. 淘宝网后台直接上传

（1）进入"卖家中心"—"宝贝管理"—单击"发布宝贝"。

（2）填写宝贝信息。

（3）上传产品主图。

产品主图建议使用 3MB 以内的大小，超过 700×700 则自动添加放大镜功能。产品主图共五张，第一张最重要，同时可上传产品主图视频，可以让消费者更直观地了解产品。第五张图可设置为白色背景，白底图可大大增加其手机淘宝的展示机会。

同时，需要上传的产品图和视频可以提前打包放在图片空间和视频中心，避免交叉上传错误，同时也方便时及时调取信息进行修改。

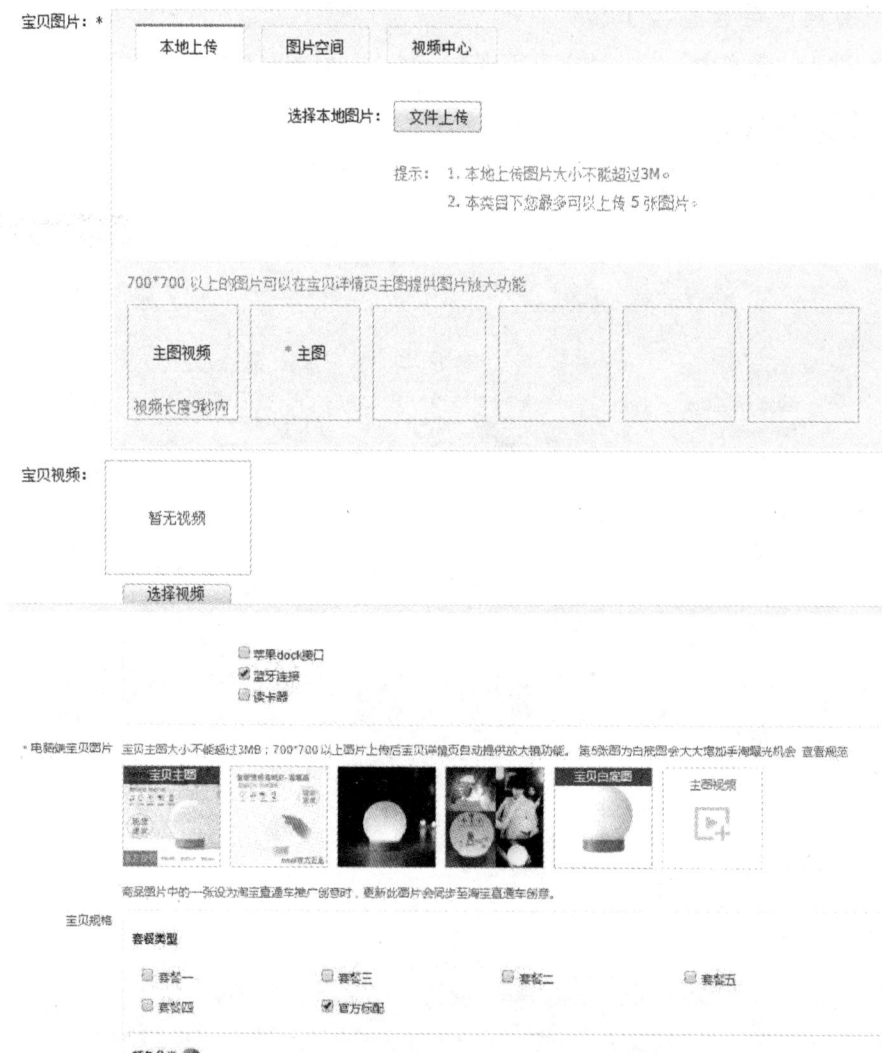

（4）物流及售后等。

其他信息设置的时候一定要真实有效，不能设置包邮却收客户运费，也尽量避免设置的运费与实际运费不符等情况。如偏远地区等运费明显高于其他地方，确实需要区分的，可在详情页做好说明。也可购买相应的软件，根据地区自动生成运费，以免被客户投诉或者被平台处罚。

**2.宝贝物流及安装服务**

* 提取方式：☑ 运费设置 `包邮模板 ▼` `新建运费模板` ⓘ ⚙

`快递`　　　　　　　　　　　　　　　　　　　　　　查看详情
默认运费：1件内0.00元，每增加1件，加0.00元

发货地：浙江省 杭州市 滨江区 承诺发货时间：24小时内

`运费模板已进行升级，您的"宝贝所在地"、"卖家承担运费"等设置需要在运费模板中进行操作，查看详情`

☑ 电子交易凭证　电子凭证管理后台　了解详情

物流参数：　物流体积(m3)：＿＿＿＿＿
　　　　　　物流重量(Kg)：＿＿＿＿＿

**3.售后保障信息**

发票：　　　○ 无　◉ 有

保修：　　　○ 无　◉ 有

退换货承诺：☑ 凡使用支付宝服务付款购买本店商品，若存在质量问题或与描述不符，本店将主动提供退换货服务并承担来回邮费！

服务保障：　☑ 该商品品类须支持"七天退货"服务；承诺更好服务可通过交易合约设置

**4.其他信息**

## 2.淘宝助理上传

除了直接从淘宝卖家管理后台上传宝贝，还可以通过"淘宝助理"这款软件上传。

（1）输入淘宝账号和密码。

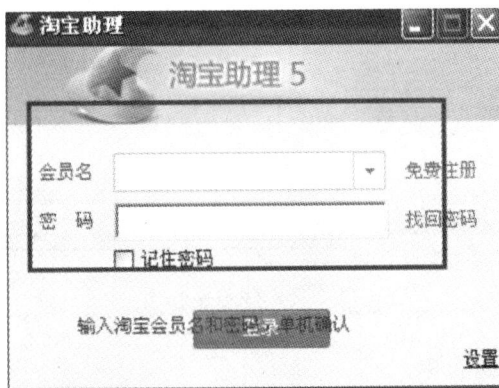

（2）进入淘宝助理界面后，单击"库存宝贝"。

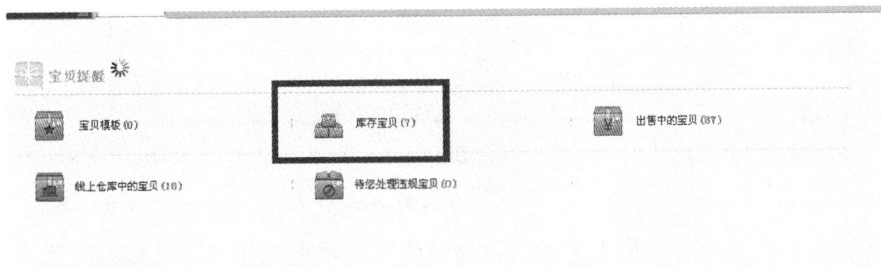

（3）选择"从 CSV 文件导入"。

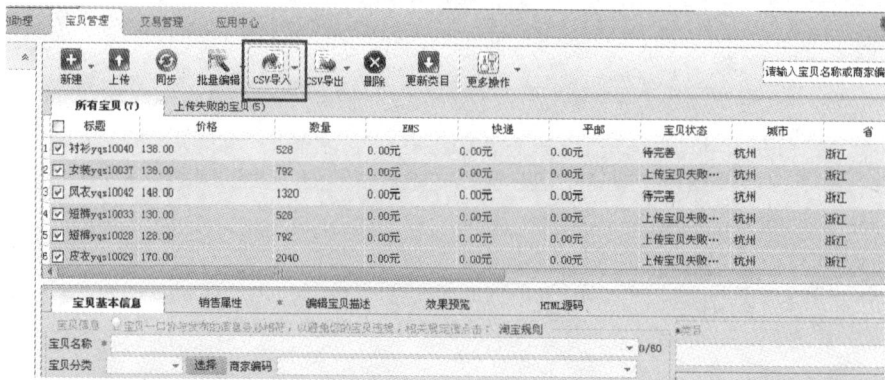

（4）选择格式为 *.csv 的文件。

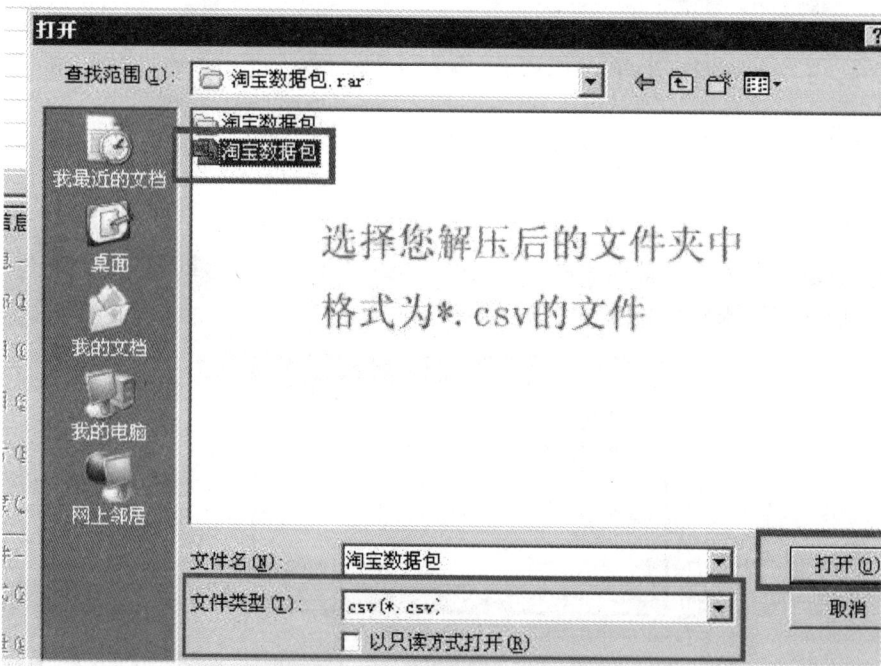

选择您解压后的文件夹中

格式为*.csv的文件

（5）CSV 文件导入进行中。

（6）你可以在助理界面最上方的"批量编辑"选项里选择"宝贝物流信息"—"买家承担"。

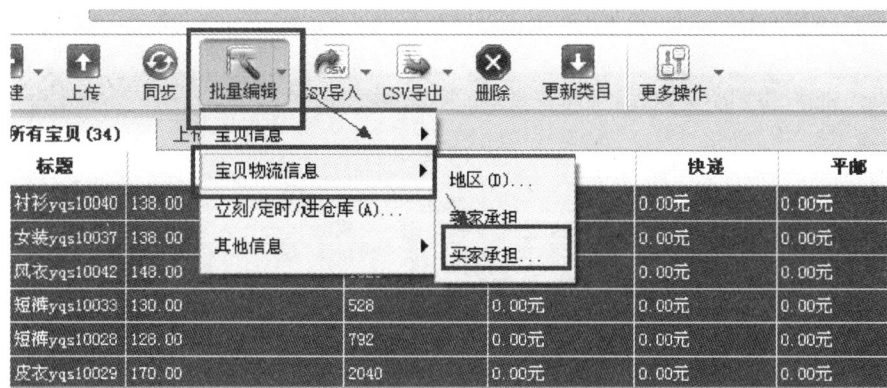

（7）选择"上传"，开始上传。

（8）上传进行中。

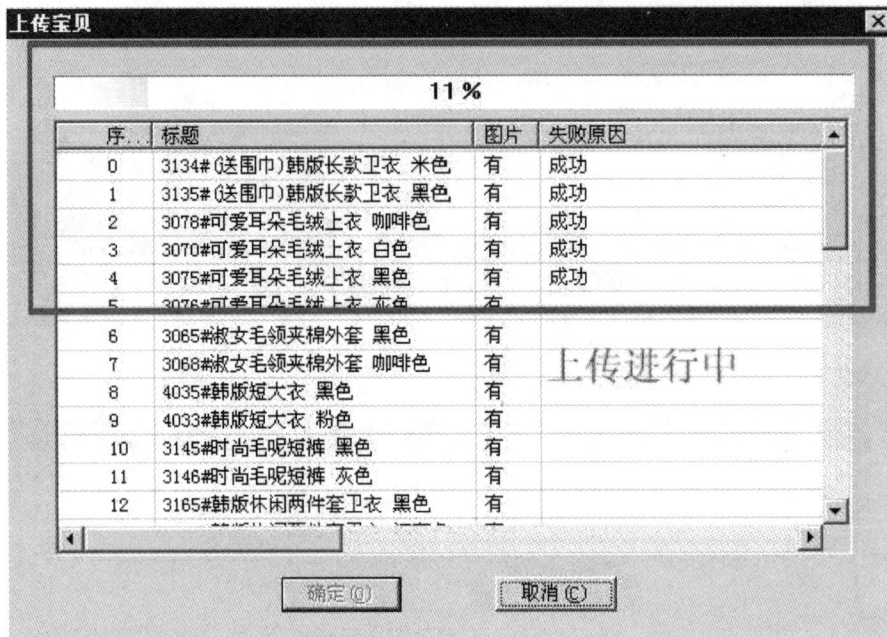

（9）点击"确定"。

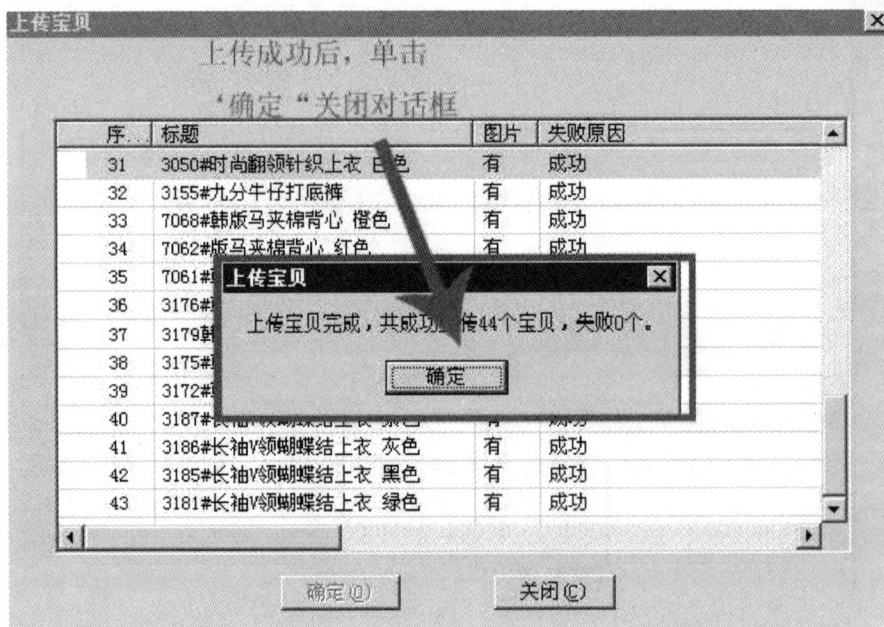

（10）单击"关闭"即成功上传。

3. 其他上传方式

除了以上两种方式，还可以选择使用淘宝神笔上传产品。神笔主要适用于手机端产品发布。

（二）交易管理

1. 已卖出的宝贝

已卖出的宝贝中，可以查看全部订单的状态，并对新订单进行发货、标记等处理。

## 2. 评价中心

评价中心可以查看店铺半年内动态评分、卖家的信誉情况、中差评数量等。店家应及时查看，若有中差评及时跟进、及时处理，避免更多的损失。

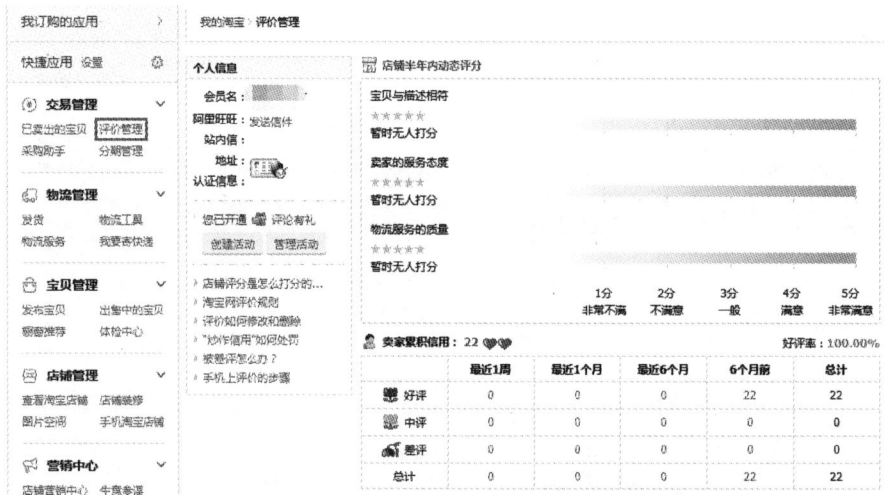

## （三）物流管理

物流管理主要有发货、物流工具、物流服务几个功能。店家需及时处理订单，核对客户正确信息并及时发货，一般设置 24 小时或 48 小时内发货，则要在规定时间内进行订单处理。

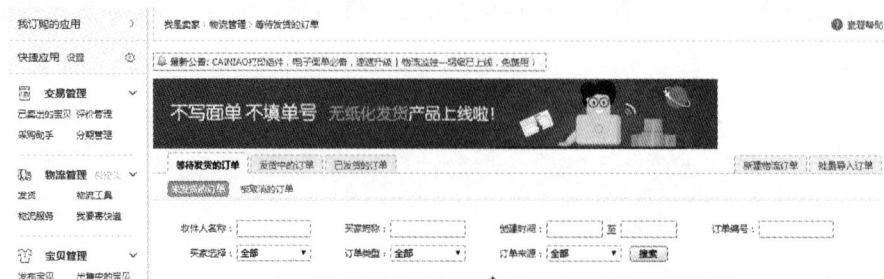

### （四）宝贝管理

宝贝管理包括发布宝贝、出售中的宝贝、橱窗推荐、体检中心几个功能。发布宝贝的功能前面已详细介绍。出售中的宝贝则可以对宝贝进行再次编辑、发布。橱窗推荐（界面如下）是设置该店铺橱窗推荐产品，可以设置店铺内的热销产品或主推产品到推荐位置。体检中心可以查看店铺违规情况。违规后可能会被扣分，分值低可能会导致权限受限，影响店铺销量，因此要及时查看违规情况，处理进度，及时跟进调整。

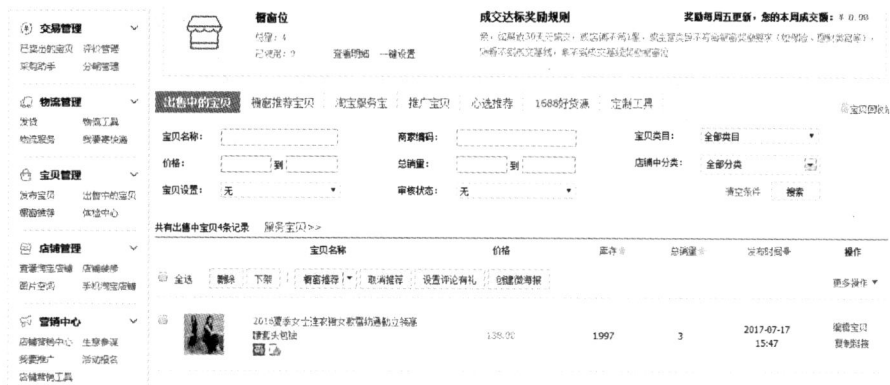

### （五）店铺管理

店铺管理有查看淘宝店铺、店铺装修、图片空间、手机淘宝店铺几项功能，查看淘宝店铺就是 PC 端的店铺浏览，和客户看到的页面一样。店铺装修和图片空间前面有提到，图片空间中除了可以存储产品详情图，还可以存储店铺装修图片，对于一些季节性强的产品或者周期性强的产品，可将店铺装修图片存储其中，以便循环多次使用。

手机淘宝是目前比较火的，销售额占比也日渐提高，对于有的类目，手机端销售额已高达 90％，因此卖家必须重视手机端店铺设计和产品发布，提高店铺浏览量和销售额。

### （六）营销中心

营销是店铺的必要操作，更好地进行营销，才有可能促进店铺良性运转。营销中心内有很多热门营销工具，可根据产品内容选择适合的营销工具，前期慢慢摸索，最终根据实际推广效果找到适合自己店铺产品的工具。

## 第四节　影响店铺转化率的因素

影响店铺转化的因素很多，价格、销量、产品评价、店铺动态评分以及客服的响应速度都与店铺的转化率息息相关。网络购物与线下消费有许多不同之处，要使网络购物顾客从众多同类商品中浏览到某家店铺的产品一定需要店铺的优化，而获得浏览量之后如何促使客户下单购买、减少跳失率显得尤为重要。

### 一、产品本身的竞争力

#### （一）定价

在做电商运营店铺时，首要任务是规划产品。先找出比较有市场潜质的几款产品，前期先做资源去测试，看看哪些是带动店铺流量的，哪些是销量较好的，哪些是利润较高的，再根据不同的目的进行分类。通常一个店铺中的产品可以分为引流款、利润款、高价款和超高价款四种类型。

1. 引流款

流量对于线上卖家而言，其重要性不言而喻。在浏览量一定的情况下，销量增加则转化率增加，只有宝贝每天都有不错的销量，宝贝人气和排名才能提升。所以店铺中必须有一个每天销量都很高或者很突出的一个单品来拉动人气，提升店铺整体权重，使店铺获得更好的排名，获取更优质的搜索流量入口，这样一款为店铺引入流量的宝贝，称为"引流款"。

引流款主要作用是带动店铺整体销量，提升店铺人气，也就是通常所说的爆款，它不仅可以将店铺整体的销售额提高，更重要的是还可以为店铺带来更多的自然流量。一般一个店铺会有一个爆款，但是有的做得很好的店铺会有 2~3 个爆款，具体由店铺产品和运营情况决定。

2. 利润款

引流款的主要作用是维持每天的销售量，从而能够为店铺带来源源不断的搜索量，但是大多情况下引流款是没有什么利润甚至亏损的。如果引流款带来了大量的流量，而店铺内其他产品承接流量的能力很差，很难在其他产品上转化，就没有周边产品转化来弥补引流款的亏损。如何解决这个问题？在确定引流款之后一定要有能够与之配合的周边产品负责利润获取，我们称之为"利润款"。

利润款的主要作用是为引流款带动转化率，这样的产品可以多设置几个，让客户有较多的选择。利润款的主要目的是通过高性价比来获得利润，那么在设置利润款时应该注意，虽然其价格普遍高于引流款，但差异不能太大，否则很难让消费者接受。

3. 高价款

高价款的主要作用是满足对产品要求高的消费者，这类产品在文案和详情页描述上与前两者要有所区别，避免出现"销售量""价格低廉"等关键字，而应该注重质感、品质，并且在质感、做工、包装和展示等方面都要有一些优质的区别。

4. 超高价款

超高价款也称为"形象款"，其主要作用是提高店铺的整体形象品牌。该类产品价格高于市面同类价格，当看到价格高出几倍时，另一个价格适中的产品就更能被消费者接受。这样从消费者心理学来讲就能让店铺内的引流款和利润款更能被消费者接受，价格显得更有"诱惑力"一些。

（二）卖点

确定了店铺内的产品分类并设置相应的价格后，还得进行创新，发掘客户意想不到的卖点并呈现在客户面前。

1. 提取核心卖点

（1）合情合理。卖点必须是建立在产品之上的一些合乎情理的特点，因此卖点除了符合市场需求，满足消费者心理，一定要真实，确有其事，有充足的理由来阐明卖点。同时语言可以通俗易懂，便于表达和记忆传播。

（2）满足消费者需求，突出特点。表达卖点实实在在，满足消费者需求，可以节省宣传成本，同时可以深入研究，提取优于别家产品的特点，有自己的强项，给人以美感，有深刻寓意且能够体现企业精神和产品特质，引导和满足潜在需求。

（3）彰显用途。核心卖点传递给消费者额外的作用或者功能，为消费者带来多重好处。

2. 提取方法

提取方法根据实际网络产品卖点一般包括以下几个方面：

（1）突出需求；

（2）突出特点、功能；

（3）体现附加价值；

（4）给予购买信息；

（5）权威认证、专利技术；

（6）消除疑虑；

（7）定位目标群，突出已买顾客的优质评价和反馈。

提取方法包括但不局限于以上几个方面，还可以结合产品自身的特点进行创新总结，发掘新的提取方法，展现别具一格的卖点。

### （三）交易纠纷处理

交易纠纷是指在交易完成后，由于交易双方对价格、质量、售后服务等方面出现的意见不统一而导致的争执。这种纠纷无论是对于买家还是卖家都是不容易解决的，然而网购属于新兴的购物方式，当出现纠纷时应该积极主动解决问题。

1. 纠纷产生的原因

（1）卖家问题。卖家没有对商品的颜色、尺码、型号等信息进行全面客观的描述，造成买家误解；卖家没有考虑到保质期、发货时间等一些商品本身外的问题；发错、少发或者漏发货，但是买家确认收货后提出申请等；卖家包装不严实导致货物运输中损坏以及客服解决售后问题态度差等。

（2）买家问题。买家对商品期望值过高，货物到手后心理落差较大；买家没有认真阅读商品描述；买家对商品缺乏了解，以自己的理解评判商品；买家自身原因导致商品损坏；来自竞争对手的恶意报复等。

不管是买家还是卖家的因素，一旦让消费者心理产生对产品的不满意，就容易收到来自买家的中差评甚至投诉。因此，一定要积极处理买家遇到的任何交易纠纷，尽量保证不拖延、不推辞的态度，另外更应该从源头上避免交易纠纷的出现。

2. 避免交易纠纷的技巧

（1）严把质量关。

网络购物对于消费者来说是十分有利的，看到货物后不满意一般都是可以退货，质量有问题更是无法摆脱这样的命运，因此货物发货前一定要仔细检查，避免有污渍、线头、破损等情况，否则很可能收到中差评。另外货源一定要有保证，进货时至少保证产品处于中等偏上的质量水平，否则很难在竞争激烈的市场上立足。

（2）色差问题。

产品图除了利用杂志、模特等拍摄的图片之外，也要有实物完整的细节图，实物图更加真实，虽然看起来没有模特图那么好的质感，但是客户收到产品后心理落差也比较小，否则实物与卖家提供的图片差距太大容易收到中差评，这就是网络上现在调侃的"买家秀"与"卖家秀"的差别。同时可以在产品描述中说明，不同的设备和浏览器也会导致产品出现一定的色差。

（3）商品描述与实际不符。

商品描述与实际不符的情况下很容易产生纠纷，买家收到货后一对比就容易发现问题，所以商品描述一定要清晰、全面、客观、不产生歧义，避免因为描述不清楚导致纠纷。

（4）下单后与买家确认基本信息。

在客户下单后就与买家确认信息，如收件人、地址、电话以及尺码、颜色等信息，以免客户收不到货或者收到的货与自己理想的不符，同时也督促卖家仓储，避免发货错误。

（5）发货前仔细检查货物。

发货之前一定要认真检查货物的完整性，产品是否错漏，颜色、尺码是否与卖家下单不符，并且认真检查产品质量，可以提前修复的就及时修复再发货，避免小小的疏忽导致中差评。

（6）发货后告知卖家。

发货后使用阿里旺旺或者客户留下的手机号发送信息，告知客户快递单号以及大概到达的时间，快递到达对方城市后也可以发送自动推送，告知客户签收和验货，有问题马上联系卖家，避免签收后产生不必要的纠纷。

（7）熟悉淘宝规则。

作为卖家应该认真学习淘宝的相关规则，掌握相应类目的一些问题处理方法，以免有个别买家进行欺诈行为，明确自己的权益并使用法律武器维护自己的合法权益。

3. 应对投诉的技巧

对于纠纷，若双方未能就解决办法达成一致就容易被投诉，甚至有的客户会在遇到问题后直接就提出投诉，但是如果处理不好投诉将给店铺带来巨大的负面影响。一定要积极回应顾客的投诉，适当地对顾客做出解释，尽量消除顾客的不满，让他们对店铺的处理态度进行好的传播而不是负面评价。应对顾客投诉有以下几个技巧：

（1）重视顾客投诉并及时道歉。

顾客投诉增加了买卖双方的交流，收到顾客投诉后一定要及时道歉，若是卖家自己的原因一定要积极处理，给出一个合理的解决办法并承诺绝不推脱，即便不是卖家的问题也要为给客户带来麻烦而道歉。同时也应该反思出现问题的原因，若是卖家内部的管理问题则需要改进。

（2）耐心且语言得体。

在处理顾客投诉的时候，不管是什么原因，一定不要轻易打断顾客的投诉和抱怨，鼓励顾客宣泄心中所有的不满，等到顾客心情平稳后更能接受客服人员的解释。解释问题的过程中，措辞也应十分注意，尽量用委婉且亲切的语言与客户进行沟通，切忌过于冲动、针锋相对。

（3）记录顾客投诉与解决的情况。

对于复杂或者经常出现的纠纷，详细记录发生的缘由与过程，并分析问题产生的原因，及时解决问题，避免同样的问题产生。例如发现是质量问题，就及时通知厂家；如果是服务问题就加强客服的教育与培训。

（4）跟踪调查顾客对投诉处理的反馈。

处理完顾客投诉之后应与顾客积极沟通，了解顾客对于处理态度是否满意，是否已経解決顾客诉求，增加顾客对卖家的信任度。

## 二、店铺页面展示及优化

### （一）店招

店招作为店铺的招牌，有着很重要的作用，店招设计的好坏直接影响着买家对该店铺的印象。一般店招需要展示以下几个内容。

1. 店铺名称及收藏按钮

店招的设计上，可以遵循以下几个方面的要点：

（1）简洁的文字或单词。

在浏览一个店铺的时候，能够直接吸引用户目光的并不是图像。大多数顾客偶然点击进入一个店铺后，他们是来寻觅信息的而不是图像。因此，在设计店招的时候尽量使用方便记忆的词语，否则顾客很难记住，不利于口口相传，如果使用英语则应该使用便于记忆的单词或者字母，切忌使用随意组合的字母简称。

（2）眼球的第一运动聚焦于网页的左上角。

在构建店招时应该了解，用户浏览网页的习惯是聚焦于网页的左上角。因此要搭建一个成功的网站，就必须尊重用户们的习惯，以便更能让用户接受。

（3）F形浏览

用户浏览网页时，首先观察网页的左上部和上层部分，之后再往下阅读，浏览右边的内容，用户普遍的浏览方式呈现出"F"的形状。保证网站内容的重要因素集中于这些关键区域，以此确保读者的参与。

（4）花俏字体和格式容易被忽略。

用户会认为太花哨的字体和格式是广告，并非他们所需要的信息。保持店招的清爽，不要因为华而不实的风格而导致重要信息被忽略。

遵循以上几个注意事项设定好店招之后，添加一个收藏按钮，对于喜欢该店铺风格的顾客可以收藏店铺，后期接受店铺的微淘信息、产品上新等推送，增加顾客的客户黏度，增加店铺产品的展现机会，促进成交。

2. 店铺定位标语

店铺定位标语一定要简明扼要，做到深入人心、便于记忆，并且一定要符合《广告法》中的规定，避免法律纠纷和罚款。

### （二）导航

导航在店铺中有很重要的作用，它可以帮助买家快速找到自己喜欢的产品分类，进而浏览符合自己意向的产品，在设置导航栏进行产品分类的时候，需要注意下面几点。

1. 用最简单的分类方式

分类如图所示，汽车类产品一般按照功能进行分类，即按照洗护、美容、外饰等不同的功能进行组合分类，此分类方式最简单也最容易找到需求的类目。

对于其他产品的分类，比如服装店，裙子有半身裙、连衣裙、百褶裙、A字裙、半身长裙等类别，在分类时就直接将裙子分为一个类别，避免杂乱、不易搜索。

### 2. 分类直接明了，避免分类不清晰

对于分类，需要直接明了，一眼便能确定自己需要找的产品，功能或者特点相近的产品需要合并为一个类目。同时，应尽量避免子目录，子目录虽然使得分类详细，却给用户设置了一道屏障，访问深度受到影响。

### （三）首页

虽然首页带来的流量只有全店的 20％左右，其重要之处在于客户浏览过店铺的某产品之后很可能会通过首页再进入其他产品页面，而此时首页决定着是为客户带来更好的体验还是就此放弃该店铺。

首页装修习惯一般是一幅或几幅大型海报图，海报给人很强的视觉冲击，又在一个很好的位置上，因此要将最有特点的产品展示在此处。海报制作时一般包含店铺目前的主力活动、优惠力度以及规则；展示店铺最热销、最受欢迎的产品；上新的产品也可以展示，以便让客户提前收藏或加购物车。主页往下浏览一般就是店铺内热销的其他产品展示以及店铺促销优惠券等。

## 三、推广

推广就是利用周边一切的资源去让目标客户找到，如何快速让客户找到是推广手段与方法所需达到的目的。无论是在淘宝网、京东商城平台上，还是利用各种社交网站、论坛，都可以进行推广。推广分为站内和站外，站内主要是直通车、钻展和淘宝客，这里详细介绍站外推广。

### （一）利用平台进行推广

#### 1. 交换链接

店家之间可交换链接，店主相互添加友情链接增加流量。有的店主比较介意，不愿意放别人的店铺或产品链接在自己的店铺内。其实应该转换这样的想法，交换链接很可能还会增加店铺评分，尤其是一些互补的产品，交换链接后会有很多的好处。

可以和自己的朋友交换链接，争取与卖家等级比自己高的店铺交换链接，与同级别的店铺交换链接，与新店铺交换链接，与合作伙伴交换链接等，都是非常不错的选择。

## 2. 淘宝论坛

论坛上发帖子是一个技术活,需要很多经验,而且对卖家的文笔要求比较高,如何写出精华帖、热门帖是关键,保证帖子热度是根本。对于新手卖家来说很难掌握,如果条件允许可以聘请专业推广人员撰写发布帖子。

想要写出好的帖子,可以去产品相关的论坛内查看帖子,多学习别人的精华帖如何选题、如何布局、如何开篇、如何讲述,多去论坛回帖,看看论坛人的喜好。同时想要写出好的帖子一定要是原创的、不违反发帖规定的,内容翔实、图文并茂、主题鲜明、引人入胜,最后总结各种经验、教训和心得体会,让读者看了帖子能够引发共鸣,产生热烈的讨论。

精华帖的题材一定是能引起广大网友关注讨论的内容,好的题材才能吸引人,而且帖子一定要给人带来收获或者快乐,帖子有很鲜明的亮点。也可以围绕社会焦点发表自己的看法,如果对某一焦点事件有独特的见解,写出来既合理又独特,就会有大批粉丝支持,从而不断顶帖、回帖,帖子必然变得很火。

另外,如果实在没有足够好的文采来写出精华帖,也可以转载精华帖,但是转发的同时应将帖子进行整理,对观点新颖的进行评价,或者就某一观点进行说明等,只要有新意又符合读者的观点,很容易获得转发和跟帖。

### (二)社交网站推广

利用各种社交网站推广也是一种很好的方法,因为现在人们对于智能手机的使用越来越多,对于社交网络也是越来越离不开。比较常见的比如搜索引擎、百度论坛、贴吧、微博及即时聊天工具 QQ、微信等,都是不错的选择。

### 1. 搜索引擎

随着互联网的不断发展,搜索引擎已经成了互联网中不可缺少的部分,甚至已经融入人们日常的生活当中。尤其是"百度"这个搜索引擎,人们利用它查询新事物、解决问题，搜索引擎已经成为用户搜索目标最为便捷的工具，有这么高的用户和使用率，其价值已经不容忽视。

在百度站登录里面录入自己店铺的链接。用同样的方法将搜狐、谷歌、搜狗等一些常用搜索引擎中也设置入自己店铺的链接，虽然不是每个都能够通过，但是不断完善自己的店铺，在每个搜索引擎中都去设置，就增加了通过的机会。

2. 百度贴吧

百度贴吧，是百度旗下独立品牌，全球最大的中文社区。贴吧结合搜索引擎建立一个在线的交流平台，让那些对同一个话题感兴趣的人们聚集在一起，方便展开交流和互相帮助。贴吧是一种基于关键词的主题交流社区，它与搜索紧密结合，准确把握用户需求，为兴趣而生。

贴吧的使命是让志同道合的人相聚。贴吧的组建依靠搜索引擎关键词，不论是大众话题还是小众话题，都能精准地聚集大批同好网友，展示自我风采，结交知音，搭建别具特色的"兴趣主题"互动平台。贴吧目录涵盖社会、地区、生活、教育、娱乐明星、游戏、体育、企业等方方面面，为人们提供一个表达和交流思想的自由网络空间，并以此汇集志同道合的网友。

可以进入贴吧查看相关帖子，就汽车类、汽车配件类的帖子进行查看回复，客观地推荐自己产品和店铺，增加店铺的展现量。进入此类贴吧的人大多对此比较感兴趣或者有一定需求，进行广告投放是不错的选择。

## 3. 微博

目前微博的使用率非常高，已经逐渐具有"搜索引擎"的功能了，最新的社会话题都会在微博上引发大量的讨论和关注，另外，阿里巴巴和微博已经达成合作，微博上可以直接放淘宝链接，直接点击购买等。因此可以抓住该平台的优势推荐店铺和产品，增加产品展现量。为了更好地进行推广，一般有两种渠道：一种是多转发热门话题、多评论相关话题，提高自己的微博活跃度，增加粉丝，争取申请加 V 认证，以达到更好的推广效果。另外，还可以进行付费推广，比如找有几十万或者上百万甚至更多粉丝数量的大 V 投放广告，支付一定的费用，让其转发店铺的产品，目前微博上有很多明星或认证账号都在进行广告推广。

## 4. QQ、微信等

QQ 和微信都是腾讯旗下的即时交流工具，日常沟通交流常用到。推广也不是一定要轰轰烈烈才会有效果，况且有策划、有组织的大型营销推广活动需要的资金也比较多，能够做日积月累的积累推广效果也不错。

QQ 内有日志、访问好友空间进行留言、相互评论等功能。可以利用 QQ 签名和个人说明添加自己店铺的广告，分别写上店铺或产品的广告，在别人加你的时候首先展示出来的就是签名等信息。同时，还可以加入或者自己组建群，相关的群很多，群内成员也不少，并且都是有意愿或者相关行业的人，可以发一些链接进行推广。

微信是新兴的即时交流工具，虽然比较新，但是现在不论是用户量、活跃度还是成交量都已经达到相当惊人的一个数量。现在微商也比较多，说明这个平台的转化率还是相当不错的，因此可以借助平台，学习微商的经营模式，吸取经验，进行推广。

## （三）其他推广方式

除了以上描述的各种推广方式之外，还可以用邮件推广、博客推广、站外推广网站等方式，利用现有的各种资源进行推广，以达到提高销量转化的效果。

# 三、促销策略

## （一）店铺促销

网上开店相比于线下开店，其优点就是客户群面向所有网络用户，打破了地域，但是对于消费者来说，希望在网上购物能够有优惠、有赠品、有打折，因为更便宜的东西使他们在心理上更能够接受。因此在日常的店铺经营中可以开展一些促销活动，以吸引更多的客户购买，比较常见的店铺促销活动有赠送礼品、满减、满送、满就包邮等。

## 1. 赠送礼品

赠品是非常有效的一种营销策略，它把商品作为礼品赠送给客户，让客户有一种非价格上的优惠体验，增强产品竞争力。但是选择赠品还是有很多注意事项，赠品选得不好反而会适得其反。

首先，赠品一般是比较便宜、价格不昂贵的东西，但是一定要保障其质量，避免次品或伪劣产品，给顾客造成不好的印象。另外，还需要注意赠送的时机和时间，避免赠送反季节产品给客户，比如夏季送只有冬季才能使用的产品给客户就是不合适的，客户收到该礼品后不但不会有划算的感觉，甚至可能觉得卖家不用心，适得其反。赠品应该尽量给顾客一种物超所值的感觉，要让客户觉得自己"占了便宜"。不同的产品选择不同的赠品，价值也因自身产品而定，同时可以与销售产品有一定关联，更能打动和吸引消费者。

2. 满减促销

满减促销一般是设置满一定金额就可以省一定金额的促销方式，例如一次性购买本店铺产品满 500 元可以领取店铺优惠券 30 元。在使用该促销活动的时候也有很多注意事项，避免客户不满。

首先，活动一定要在店铺首页对参加的形式、活动时间、其他条件等进行说明，避免客户在活动期间因没有享受到优惠而给差评或者投诉的情况。另外，要在活动前做好准备，提前公告活动时间和形式，尽量避免顾客前一天购买没有享受到优惠的情况。同时，对于没有享受到优惠的顾客，一定要提前培训客服，确定好解决方案，最好的方法是确定一个期限，在这个期限内购买的用户依旧可以享受活动。本来促销活动是为了更好地销售产品，如果因为前期准备不足导致销量上去，但是差评也激增，就有点得不偿失。最好的促销结果是销量提高的同时，店铺 DSR 动态评分和促销产品评价都保持一个良好或者更好的状态。

3. 满送促销

满送促销活动和赠送礼品活动比较类似，都是赠送礼品给客户，其差别在于前者是没有门槛的，一般针对一件产品进行，购买该产品就赠送对应的礼品。而满送促销活动则是一次性购买店铺内产品达到设定的金额才能赠送，且赠送的力度一般较大，产品的价值较高，比较有吸引力。该种促销活动多用于参加平台活动时，平台活动本来就是一次宣传，可以带来更多的流量，为了促进转化，一般使用这种活动，大多选择 3～4 件产品参加，根据产品的客单价和利润率来设置礼品。

4. 满就包邮

包邮也是一种很有吸引力的活动，对于不包邮的产品，店铺可设置"满 2 件包邮"或者"满 88 元包邮"。设置的时候可以根据产品价格和运费综合考虑，如果设置的价格只是一般产品的均价或者低于单件产品的价格就没有任何意义，也不会带来更多的转化，对销量就没什么意义。

（二）平台促销活动

平台上的活动大多是节假日的时候开展。折扣力度比较大的比如"双十一""京东618"等，除此之外还有春季新风尚、母亲节专场活动、开学季活动、双十二、三八节、"2·14"、"5·20"和七夕情人节活动等。有的活动主要针对几大类目，并不是全部产品。因此，在选择活动类型的时候可根据自身产品特性参加。同时，不同的活动报名门槛要求不一样的，小卖家或者销量并不出众的店铺不一定能够参加到活动，但是一般参加一次活动对店铺的好处是很多的，因此可以提前做好准备，确保前期销量有一定的增速，价格、评价等方面都尽量符合活动报名条件。

## 四、淘宝小店铺提高转化率的技巧

### （一）增加产品访问量

转化的基础是增加产品的访问量，一般某行业的转化率是一定区间内的，整体波动不会太大。访问量与转化率成正相关，在转化率不变的情况下，想要提高自己店铺的转化率，只有提高自己店铺的访问量，增加店铺的访问量，可以参加店铺平台活动、利用直通车等营销工具、设置店铺优惠券和赠品等多种手段。同时可以参考竞品店铺，从题目关键词、产品主图、详情图等进行对比分析，进行调整，优于其他店铺则可提高访问量。

### （二）新品快速破零

上新的产品销量快速破零也是提高转化率的技巧之一，很多人都不愿意成为第一个吃螃蟹的人，在销量为零的情况下，很少有人去购买，但是销量一旦突破零，那么潜在客户购买的可能性大大提高。快速破零可以设置店铺专属上新优惠，比如上新产品限量半价、发上新产品专属优惠券等手段，但是一定不能是免单等活动，否则会被平台处罚。

### （三）充分利用问答、分享等社区功能

目前无线端的社区功能比较火，问答、分享等方式都可以采用。很多潜在客户选购商品时都会考虑，拿不定主意的时候就可能去问答区，提出自己的疑问，已买客户给出解答，这时就可能是优质的已买客户给出正面的好评，推荐购买，也可能会提出产品的确定，卖家可以进行疑问解答，补充说明，详细说明产品的特性，打消消费者的疑虑，促进转化。

另外还可以进行分享，分享可以是卖家分享，也可以是买家分享。买家分享可以利用分享获得优惠券、分享抽取现金的方式促进潜在客户向自己的朋友推荐，增加产品的展现量。而卖家分享可以是卖家将优质客户好评及晒图分享到微淘新闻，共享于收藏店铺的客户面前，既增加了产品的展现量，增强了产品的真实性，也增加了店铺的动态，促进卖家与买家之间进行互动。

### （四）维护老客户

有理论提出，开发一个新客户的成本是维护一个老客户成本的5~6倍，在互联网时代，除了高速、竞争、低价等关键词，新客户的开发越来越困难，如何留住老客户，促进其转化尤为重要。首先要体现出真诚，经常利用社区、微淘等渠道与客户互动，不

仅仅是发产品推广的，可以发热门的话题、搞笑的图片等，吸引客户关注。另外可以设置不定期活动，促进老客户购买。

# 第五节　官方活动概述

淘宝官方活动很多，主要分为收费和不收费两大类，店家可根据行业及店铺情况选择合适的活动。主要活动有全民抢拍、淘特来斯、潮电街、天天特价、淘金币、淘抢购、聚划算、聚划算、全球购等。下面简单介绍聚划算、淘抢购和极有家三个活动。

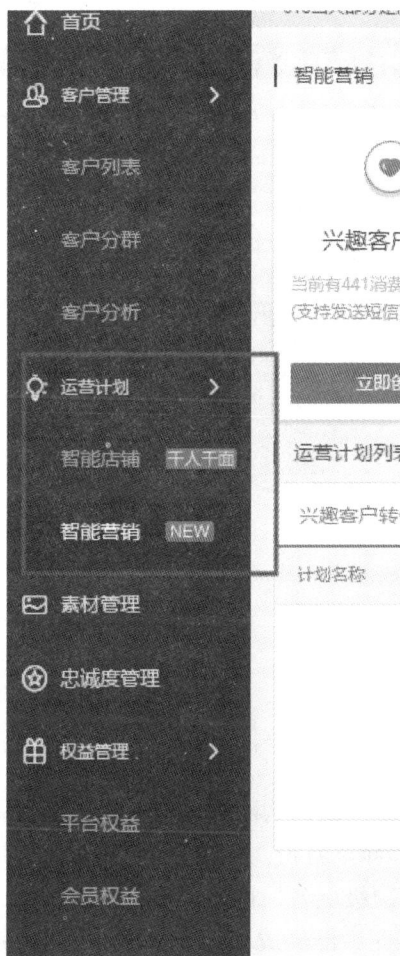

## 一、聚划算

### （一）聚划算简介

#### 1. 聚划算定义

聚划算是阿里巴巴集团旗下的团购网站，淘宝聚划算是淘宝网的二级域名，该二级域名正式启用时间是在 2010 年 9 月份。淘宝聚划算依托淘宝网巨大的消费群体，2011年，淘宝聚划算启用聚划算顶级域名，官方公布的数据显示其成交金额达 100 亿元，帮助千万网友节省超过 110 亿元，已经成为展现淘宝卖家服务的互联网消费者首选团购平台。

淘宝网首页上的聚划算入口

聚划算汽车车品类目入口

2. 聚划算商家准入报名基本资质

（1）支持淘宝消费者保障服务并支持参团商品的正品保障。

（2）除特殊商品外，必须支持 7 天无理由退换货。

（3）近 30 天内参加过聚划算的店铺，除主营类目为保险的店铺外，近 30 天参聚订单金额退款率不超过 50%；除特殊主营类目店铺外，其他店铺近 30 天参聚订单未发货金额退款率不超过 30%。

（4）除特殊主营类目店铺外，其他店铺近 90 天店铺退款率则必须小于 30%。

（5）非天猫旗舰店需要提供有效的自有品牌（商标）证明、品牌（商标）授权证明或完整的进货链路证明，且商家所提供的相关资质文件必须真实完整并确保合作期内持续有效。

（6）商家应合法、合规经营并确保所参聚商品及其来源、售卖（含价格）完全符合国家法律法规等有关规定，确保商品无任何质量问题，并保留所有相关有效凭证。

详细信息可参考聚划算商户中心规则，该规则有更加完善的描述。

聚划算商户中心首页

由聚划算商户中心的规则中心可以看出，对于基础招商标准、单品团招商标准、量贩团招商标准、聚优品招商标准等各种不同聚划算子类目均有详尽的说明和限制，商家可根据自身产品情况选择活动类别查看是否符合申报资格。

聚划算商户中心招商公告可以看到近期报名的各种活动，商家可以根据自身需求和条件选择活动进行申报，所有类目可选择活动很多。

除此之外，通过商户中心后台可以进入聚赢家查看其他卖家的优秀经验分享，学习提升自己的认知，通过聚划算活动提高店铺的影响力。在申报活动中有疑问也可查看商户帮助中心，了解活动申报进度、可能出现的各阶段情况说明等，防患于未然，提高活动申报成功的概率。

（二）聚划算单品报名操作

（1）选择活动以及可报名商品，点击"提交"。

（2）填写商品参聚价格/库存。

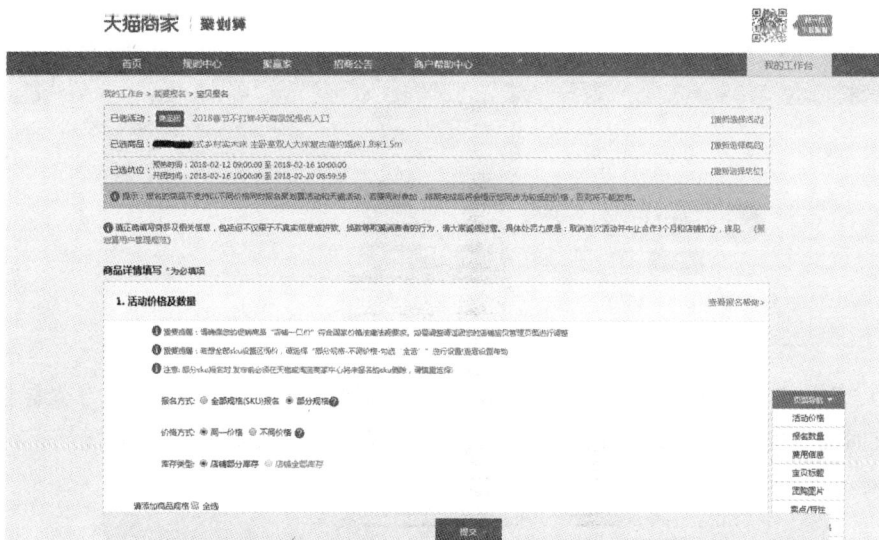

（3）如果是选择部分规格商品参聚可以选择"部分规格"，部分规格参聚同样会影响参聚价格（按照部分规格 30 天最低价校验），如下图。

（4）点"提交"，提示"商品报名成功，等待审核"，此时商品报名已完成。如果商家准备好了参聚页面，也可以点击"完善商品信息"去完善参聚信息。如果没有准备好可以等待商品审核通过后再进行完善参聚页面。

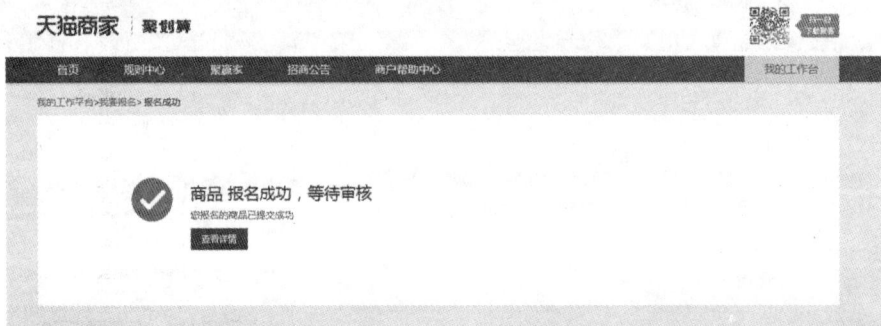

（5）点击"完善商品信息"进入商品参聚页面的填写（原有的商品参聚详情填写页），此时需要完善所有参聚信息才能提交，否则将无法正常提交，如下图。

## 二、淘抢购

淘抢购是淘宝平台中的一种官方促销平台，目前单品类活动全天共 18 个场次，分别为 0 点场，7 至 23 每整点一场，活动售卖时间为 24 小时。当日可参与报名 8~13 天后的淘抢购活动。审核时间通常在活动开始前 3 天完成，其他活动商品最晚在活动前 1 天完成审核。可在淘抢购商家中心的"报名管理"中查看到商品的审核状态。审核不通过的，会显示不通过的原因。

### 三、极有家

极有家是阿里巴巴旗下新出来的一种认证，其对生活用品及相关产品直营店或淘宝店进行认证，按照条件审核相关资质，对店铺是一种肯定，通过后会在店铺主页、产品详情页等地方显示"极有家"字样。

# 第六节　营销工具

## 一、官方直通车

### （一）直通车推广原理

卖家设置与推广商品相关的关键词和出价，在买家搜索相应关键词时，推广商品获得展现和流量，实现精准营销，卖家按所获流量（点击数）付费。直通车是一种很常用、效果较好的推广工具，对需要推广的宝贝设置对应的创意图、关键词、出价、宝贝推广标题等。其好处是可以根据关键词进行精准推广，且展示免费，只有顾客点击之后才收费，达到为店铺引流的目的。

1. 扣费公式

当买家搜索关键词时，相应宝贝就会在淘宝直通车的展示位上出现。当买家点击推广的宝贝时，淘宝直通车进行相应的扣费。根据商家设置的关键词价格，淘宝直通车会扣除相等或少于它的出价。

单次点击扣费＝（下一名出价×下一名质量分）/本人质量分+0.01 元

因此，关键词的质量得分越高，所需付出的费用就越低。一般关键词实际扣费小于设置的价格，扣费最高即为设置的关键词出价，当公式计算得出的金额大于出价时，将按实际出价扣费。

## 2. 质量得分

质量得分是系统根据"创意质量""买家体验""相关性"三者之间的关系得出的综合评分，相关性越高，质量得分越高。同时 PC 端和无线端的质量得分是分开统计的，可以更直观地看到各自的推广效果。

（1）创意效果。

创意效果是指关键词对于推广宝贝的推广创意效果，包括创意关键词的点击率、创意标题、图片质量等。在创建推广创意时，可对同一个商品设置两个创意，商家在实际操作中可根据平台提供双创意方法，同时进行效果测试、不断优化，最终达到提高转化的效果。

（2）相关性。

相关性指的是关键词与宝贝类目、产品属性及宝贝本身信息的相符程度。需要注意的其一是关键词的优先类目与宝贝发布类目要一致，不要放错；其二，发布宝贝时选择的属性与关键词一致，尽可能填写符合自己宝贝特征的属性，并全部填写；其三，关键词与宝贝本身信息的相关性主要体现在宝贝标题信息和直通车推广内容信息上，最好使用在直通车的推广标题中出现过的关键词，这样关键词与宝贝的相关度就会提高。

（3）买家体验。

买家体验是根据买家在店铺的购买体验做出的动态反馈。它包含了直通车转化率、收藏、加入购物车、详情页加载速度、好评或差评率、旺旺往往反应速度等影响购买体验的若干因素，各项指标都可以直观地影响或者反映出买家的体验度，对于买家体验不佳的因素要及时优化。

当关键词对应的各项分值越大时，就代表推广效果越好，但不同行业关键词的质量得分也与实际行业类目相关。可以参考优化中心的建议进行优化，不断提高各项指标值。各项相关性的反馈值降低或者变化，都将影响整体的质量得分发生相应改变，因此优化就需要对推广标题、宝贝描述等各方面进行系统的优化。对于长时间分数都不能提高的关键词，可以考虑换一批关联度更好、更符合产品描述的关键词。

### （二）做好直通车单品推广

如何做好直通车推广，除了了解直通车的原理和付费方式，最重要的是要了解直通车后台操作，熟悉推广计划的设置和所有功能，再根据自身产品的实际情况进行设置和优化。

新建推广计划，并根据产品属性、活动时间等对其命名，以区分各推广计划，命名无特殊要求。推广计划中主要就是设置日限额、设置投放平台、设置投放时间、设置投放地域。

## 1. 设置日限额

设置日限额的时候需要根据推广预算来设置每日的额度，如果预算充足，也可以不设置日限额。但是前期刚开始进行推广的时候还是建议设置一个日限额，避免花费太多推广费而没有带来足够的购买量。设置日限额可避免这种情况，因为当天的推广费达到了日限额之后推广就会下线，直到第二天自动上线。如果计划已经下线，也可以通过提高日限额的方式来提高使得推广计划重新上线。虽然设置了日限额，但是由于系统每隔一段时间才会做一次统计，则实际花费很可能略高于日限额。

有两种投放形式，分别是"标准推广"和"智能化均匀投放"。标准推广，会根据时间直接进行推广，如果花费达到日限额，则推广计划就下线了，比如下午6点花费达到日限额，则当天剩下的时间将不再进行推广，直通车就错失后续时间段的流量获取。智能化均匀投放，是系统根据花费情况自动进行调整，避免过早达到日限额，错过晚高峰等黄金时段的流量。

### 2. 设置投放平台

投放平台分为两种：一种是淘宝站内推广，一种是淘宝站外推广。同时，根据消费者设备的区别，还分为PC端和移动端。淘宝站内流量购物意向较高，相对较精准，转化率也相对较高，但是竞争较大，平均花费较高。

同时PC端和移动端需同时设置，现移动端成交量越来越高，移动端设置关键字价格可参考PC端，但移动端关键字往往要设置更高，设置移动端折扣一般为130％～180％，淘宝的规则是0～400％。在初期推广设置为130％～150％，当需要推爆款时可以设置更高。由于智能手机的普及，移动端的展现量和转化率已不容忽视，设置推广过程中可重点监测移动端推广情况，确保良好的推广效果。

站外推广平台可以是视频网站，门户网站等。需要注意的是站外推广转化率较低，如果长期使用站外推广会降低店铺的整体转化率，从而降低宝贝的权重，最终影响宝贝的自然搜索排名。

### 3. 设置投放时间

淘宝每天流量高峰时段在上午10：00以后，下午3：00到4：00，晚上8：00、9：00、10：00这几个时间段。因此就需要我们给不同时间段设置一个关键字价格折扣。

设置时间折扣的常规思路：

0：00—7：00不投放；

8：00—9：00折扣比例在100％左右；

10：00—12：00折扣比例可设置为110％～120％左右；

12：00—13：00折扣比例可适当降低为100％；

13：00—16：00折扣比例在110％左右；

16：00—17：30折扣比例为120％～130％；

17：30—19：30折扣比例可设置为100％～105％；

19：30—22：30折扣比例在120％（周末可延长至23：00）；

22：30—24：00折扣比例在95％～105％。

需要特别注意，在设置时一定要根据店铺所在类目进行设置，时间段折扣设置必须结合自身关键词出价，以及流量时间段波动来设置，高峰时段折扣增大，低谷时段折扣可选择降低，也可以保持在原价。分时折扣也是参考，具体可根据实际推广情况进行调整。

高出价折扣思路是另一种时间段折扣方法。简单来说，在低流量时间段设置在100%以下，在高流量段始终设置高于100%。

注：（1）PC端关键词最终出价＝关键词出价×时间折扣比例；

（2）移动端关键词最终出价＝PC端关键词最终出价×移动折扣。

4. 设置投放地域

直通车的核心就是精准营销，投放越精准效果就越好。在直通车后台操作菜单中，有个"工具"菜单，在该菜单下有个"流量分析"功能，只需将我们商品或者关键字输入进行查询，并综合参考"展现指数"与"点击指数"就可以得出哪些省份和城市接受度较高，这时我们就可以进行选择设置关键字价格折扣比例。

5. 设置推广商品

在完成推广计划设置后，就可以为计划添加推广商品，一般，一个推广计划可以添加多个推广宝贝，但是不同商品之间的属性不同，接受的人群也会不同，若同时推广多个宝贝造成相互影响不可避免，因此除非商品属性是非常相近，否则在同一个推广计划里面只设置单个宝贝。

系统提供了三种选择宝贝的方法，分别是"优选宝贝""优选流量""优选转化"。

6. 添加商品创意

流量＝展现量×点击率，不管是设置投放时间、地域，还是出价，其目的都是针对推广宝贝的展现量进行设置，而添加商品创意则是为提高点击率。添加创意的主要工作就是给宝贝设计一张高点击率的直通车图片，本质就是广告，目的是为了吸引精准用户点击。

直通车图的设计要考虑两点：一是点击率，二是文案对用户的选择。"用什么样的鱼饵，就钓什么鱼"。

设计直通车图，有几点需要注意：

（1）美观性，这是直通车图设计的基础。

（2）真实性，确保文案真实性，主要有两方面：一是价格、销量、好评等信息的真实性，二是产品自身信息的真实性。以服装为例，比如面料加厚、版型修身、不起球等，确保产品这些信息真实。

（3）围绕产品功能进行描述。

（4）重点突出单一卖点，多数情况下设计直通车图，会放多个信息，比如价格、折扣、功能描述、DSR评分等。在设计直通车图的时候，常犯的一个错误是，每个卖点都想展示，设计完成后发现整张图很乱，没有宣传重点。

7. 设置关键词

直通车重要的工作就是添加关键词和出价。这时就需要用到一个工具——"生意参谋"，其核心功能有两个：一是查看行业数据以及类目TOP级卖家的店铺成交情况与单品流量数据情况，此功能帮助卖家去分析TOP级商家是如何运营的；二是查询挖掘优质关键词。

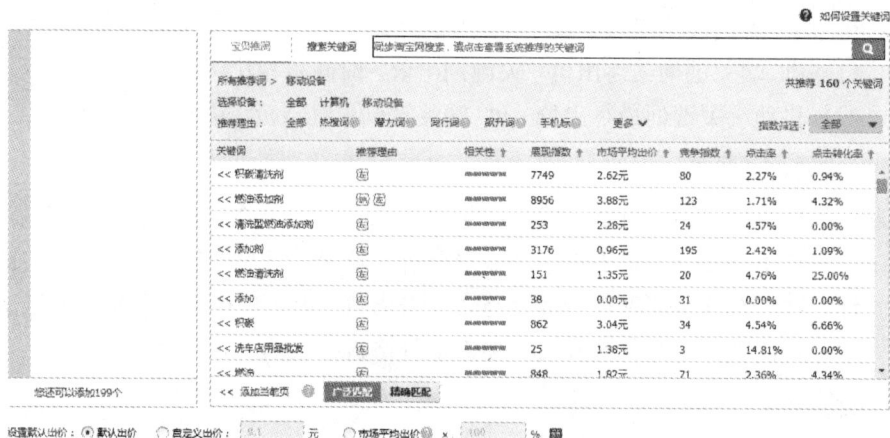

同时系统会根据宝贝情况，自动推荐关键词，主要分为四类：

（1）均衡包：提供与宝贝匹配，且兼顾展现于转化潜力的关键词。

（2）流量包：提供与宝贝匹配，且有较高展现潜力的关键词。

（3）转化包：提供与宝贝匹配，有较高转化潜力的关键词。

（4）移动包：提供与宝贝匹配，且在移动端展现机会的关键词。

添加关键词后需要为关键词设定一种匹配方法，现提供了两种：一是广泛匹配，二是精准匹配。

精准匹配：标识符号【】，买家搜索词与所设置的关键词完全相同（或同义词）时，宝贝才有展现机会。

广泛匹配：标识符号为空，买家搜索词与关键词相关时，推广宝贝就有机会展现。

在选择关键词时不要盲目添加，对于产品类目存在明显淡旺季周期时，不同时期选择关键词的策略重点不同。不同时间段的目的不同，因此选择关键词侧重点不同。

## 8. 关键词出价

在添加关键词的时候，一般都会设置一个"默认出价"，这个价格可以参考本类目的行业平均水平。通过默认出价后，大概 3~5 小时后，根据关键词展现量、点击量、点击率数据变化对关键词进行调整。

（三）做好直通车店铺推广

直通车店铺推广有 3 个步骤：选择页面、设置关键词、编辑创意。

1. 选择页面

现系统有 4 种页面选择，分别是店铺搜索页面、店铺导航页面（一般为首页）、自定义页面（一般是单独制作的活动页面或首页）、一阳指移动设备页面。

2. 设置关键词

店铺推广设置关键词最多可添加 1000 个，单次添加不超过 200 个，直到 1000 个加满为止。关键词添加完成后，就设置默认出价，这个价格不要设置太高，否则单次点击成本较高，花费较多。

3. 编辑创意

编辑创意图，目前有多种创意形式，一般选择"210×315"这种。然后根据尺寸要求将制作好的创意图片上传到图片空间，编辑标题选择创意即可。

## 二、钻石展位

钻石展位是淘宝运营中又一种以付费方式来获取流量的推广渠道，主要是通过系统对用户的浏览购物行为进行数据分析挖掘，进而将其锁定为某类产品的潜在客户，精准定向地向其展示该类产品。达到为商家提供精准定向、创意策略、效果监测、数据分析等一站式全网推广解决方案，帮助商家实现高效、精准的全平台营销。钻石展位一般投放在 PC 端的淘宝网主页和无线端的主页上，一般左下角有"广告"字样。

### （一）钻展的收费方式

钻展给店铺带来的流量与直通车相比，购买意向较弱，没有直通车精准。另外，钻展的收费形式是 CPM 及按照"千次展现收费"的广告模式，它与给店铺带来的流量无关。钻展点击量=创意图展现量×创意图点击率。因此可以看到创意图片的吸睛度对钻展效果有很大影响。它对产品的要求比较高，在实际中可尽量选择价格诱人很有特色的产品来投放钻展。

### （二）钻展的投放形式

钻展的投放形式主要有两种：一是定向投放，二是通投。定向投放指的是系统根据大数据分析统计，只展现给有意向的买家。定向投放也有很多种方式，主要有群体定向、兴趣点定向、访客定向、场景定向、达摩盘（DMP）定向等。而通投指的就是所有浏览该页面的人，都可以看到钻展广告。

### （三）钻展的广告位置

钻展的广告位置有很多，站内的和站外的。一般中小卖家选择站内的就可以了；对于大卖家来讲，站内的流量不能满足需求了，还需要购买站外的流量。在钻展后台资源里面可以看到所有的可以投放的资源位。

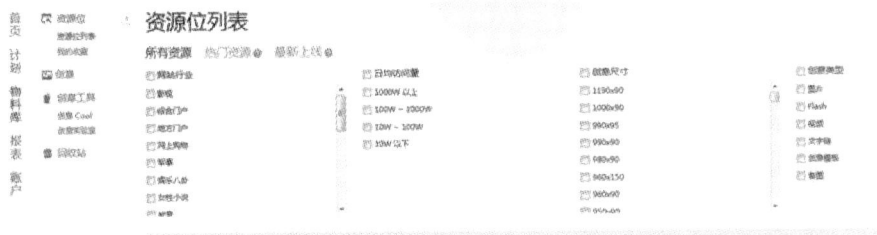

## 三、淘宝客

淘宝客是付费的推广方式，由淘宝客从淘宝联盟拿到卖家推广产品的"推广链接"，通过聊天工具、论坛、博客、个人网站等其他渠道推广该产品，消费者通过指定链接购买商品且交易完成，淘宝客领取卖家所设置的佣金。

淘宝客推广操作流程：

（1）登录淘宝账户，通过首页右上角的"卖家中心"进入。

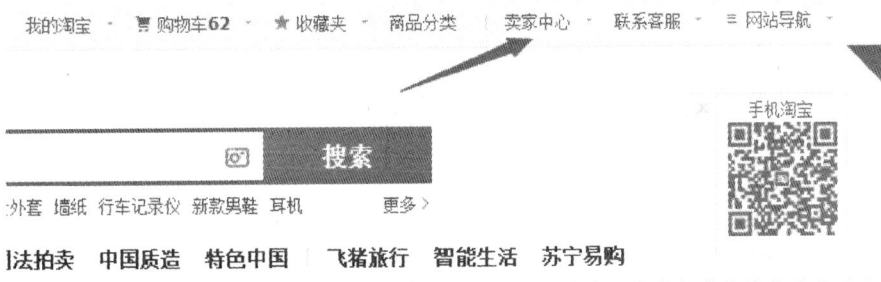

（2）进入卖家中心后，在左侧找到"营销中心"—"我要推广"。

（3）点击进入，在页面中可以看到"淘宝客"。

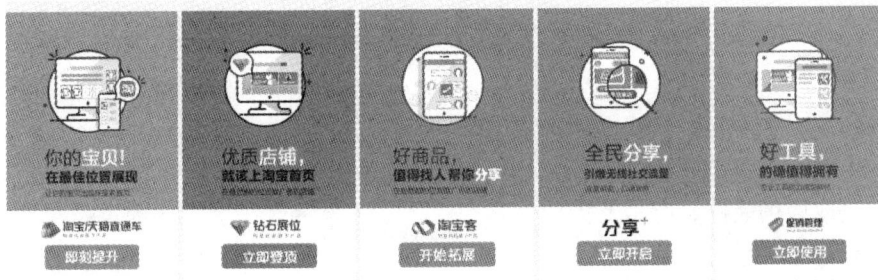

（4）点击进入"淘宝客"，这时需要再次登录自己的账号，选择淘宝会员登录即可。

（5）登录账户后就可以看到淘宝客的入口了。

（6）使用推广计划的"通用计划"进行推广。

（7）设置类目推广的佣金比例，根据个人商品利润以及推广的目的来填入合适的佣金比例。

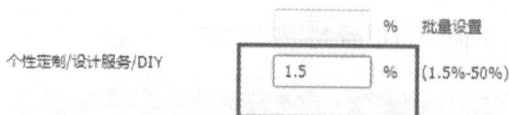

习题：

1. 申请一个淘宝店铺。
2. 完成店铺装修、产品上传。
3. 查看相关平台规则。

# 第五章 汽车配件种类与管理

## 第一节 汽车配件分类

### 一、汽车配件的含义及特点

在汽车服务企业中，人们把新车出厂后使用过程中所需的汽车零部件和耗材统称为汽车配件。

汽车配件作为商品来说，既具有普通商品的一般属性，也有其自身的特点。

#### （一）品种繁多

只要是有一定规模的汽车配件经销商、汽车综合修理厂或汽车品牌 4S 店，其经营活动涉及的配件都很多，一般都有上万种，甚至几十万种。

#### （二）代用性复杂

很多配件可以在一定范围内代用，不同配件的代用性是不一样的。例如，轮胎、灯泡的代用性就很强，而集成电路芯片、传感器等配件的代用性就不强。掌握汽车配件的代用性，也是管理好汽车配件的重要条件。

#### （三）识别体系复杂

一般每个品牌的汽车配件都有独立的原厂图号（或称原厂编号），即汽车配件编码，通常经营者为了便于仓库的管理，还会为其配件进行单独编号。

#### （四）价格变动快

由于整车的价格经常变动，所以汽车配件的价格变动就更加频繁，并且汽车配件的价格也有季节性。例如，空调系统的配件就受季节的影响，在夏冬季节使用频率高，相应的配件需求量就大。

## 二、汽车配件分类

汽车配件种类较多，对汽车配件分类的方法有很多种。其中，主要有按标准化、实用性、用途和生产来源等几种方法来分类。这里主要向大家介绍按照实用性来分类的情况。

根据我国汽车配件市场供应的实用性原则，汽车配件分为易耗件、标准件、车身覆盖件与保安件4类。

### （一）易耗件

在对汽车进行二级维护、总成大修和整车大修时，易损坏且消耗量大的配件称为易耗件。

（1）发动机易耗件。

①曲柄连杆机构：气缸体、气缸套、气缸盖、气缸体附件、气缸盖附件、活塞、活塞环、活塞销、连杆、连杆轴承、连杆螺栓及螺母、曲轴轴承、飞轮总成和发动机悬架组件等。

②配气机构：气门、气门导管、气门弹簧、挺杆、推杆、摇臂、摇臂轴、凸轮轴轴承、正时齿轮和正时齿轮皮带等。

③燃油供给系统：汽油泵膜片、汽油软管、电动汽油泵、压力调节器、空气流量传感器、喷油器、三元催化装置、输油泵总成、喷油泵柱塞偶件、出油阀偶件和喷油器等。

④冷却系统：散热器、节温器、水泵和风扇等。

⑤润滑系统：机油滤清器滤芯和机油软管等。

⑥点火系统：点火线圈、分电器总成及附件、蓄电池、火花塞等。

（2）底盘易耗件。

①传动系统：离合器摩擦片、从动盘总成、分离杠杆、分离叉、踏板拉杆、分离轴承、复位弹簧、变速器的各档变速齿轮、凸缘叉、滑动叉、万向节叉及花键轴、传动轴及轴承、从动锥齿轮、行星齿轮、十字轴及差速器壳、半轴和半轴套管等。

②行驶系统：主销、主销衬套、主销轴承、调整垫片、轮辋、轮毂、轮胎、内胎、钢板弹簧片、独立悬架的螺旋弹簧、钢板弹簧销和衬套、钢板弹簧垫板、U形螺栓和减振器等。

③转向系统：转向蜗杆、转向摇臂轴、转向螺母及钢球、钢球导流管、转向器总成、纵拉杆和横拉杆等。

④制动系统：制动器及制动蹄、盘式制动器摩擦块、液压制动主缸、液压制动轮缸、储气筒、单向阀、安全阀、制动软管、空气压缩机限压阀和制动操纵机构等。

（3）电气设备及仪表的易耗件。

它包括高压线、低压线、车灯总成、安全报警及低压电路熔断电器和熔断丝盒、点火开关、车灯开关、转向灯开关、变光开关、脚踏板制动开关、车速表、电流表、燃油存量表、冷却液温度表、空气压力表和机油压力表。

（4）密封件。

密封件包括各种油封、水封、密封圈和密封条等。

## （二）标准件

按国家标准设计与制造的，并具有通用互换性的配件称为标准件。汽车上属于标准件的有气缸盖紧固螺栓及螺母、连杆螺栓及螺母、发动机悬架装置中的螺栓及螺母、主销锁销及螺母、轮胎螺栓及螺母等。

## （三）车身覆盖件

为使乘员及部分重要总成不受外界环境的干扰，并具有一定的空气动力学特性的、构成汽车表面的板件，如发动机舱盖、翼子板、散热器罩、车顶板、门板、行李舱盖等均属于车身覆盖件。

## （四）保安件

汽车上不易损坏的配件称为保安件，如曲轴起动爪、正时齿轮、扭转减振器、凸转轴、汽油箱、汽油滤清器总成、调速器、机油滤清器总成、离合器压盘及盖总成、变速器壳体及上盖、操纵杆、转向节、转向摇臂和转向节臂等。

## 三、零件的 ABC 分类方法

A 级（快流件）：指连续三个月经常使用的消耗性零件及周转性较高的产品。特点：每个月销售占销售总额的 70%，所占零件项总数 6%~10%。

B 级（中流件）：指连续六个月内使用但又属于周转性次高的产品。特点：每个月销售占销售总额的 20%，所占零件项总数 10%~30%。

C 级（慢流件）：指一年内属偶发性产品或产品库存金额单价过高不利于周转的产品。特点：每个月销售占销售总额的 10%，所占零件总项数百分比 30% 以上。

零件流通等级与销售额之间的关系：

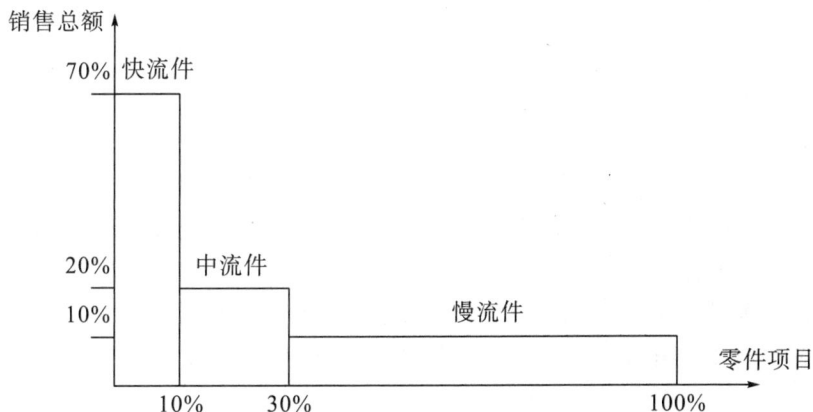

# 第二节　汽车配件采购

## 一、概述

汽车配件销售企业处于生产—流通—消费再生产总过程中的中介位置，是流通性企业。所有流通企业（如商业、外贸企业、物资供销企业等）一样，存在进、销、存三大主要环节，即购进、销售、保管。

### （一）汽车配件购进业务的意义

购进，也称采购，是流通企业的第一个工作环节。从社会再生产的角度看，就是商品从生产领域进入流通领域，是价值生产阶段开始转变为价值实现阶段；从企业经营的角度看，购进是以销售为目的向生产企业（或其代理商、批发商）取得资源，因此购进不是经营的目的，销售并获得利润才是目的；从资金运转的角度看，购进就是货币资金转化为商品资金，是企业的流动资金（指银行存款、现金等）转化为库存资金，开始了流通企业的资金周转过程。

购进是企业经营活动的关键环节，其理由有以下 3 点。

（1）只有质优价廉、适销对路的商品源源不断地进入经销企业，才有可能提高为用户服务的质量，满足消费者的需要。

（2）搞好采购是搞好销售的前提和保证，只有进得好，才能销得快，才有可能提高企业经济效益。

（3）只有把商品购进组织好，把适销商品购进到经营企业，才能促使生产企业发展生产。

由此可见，商品购进就是直接关系到生产企业能否得到发展，消费者需求能否得到满足，企业经营状况能否改善的关键问题。

### （二）采购管理和商品购进的原则

（1）采购管理原则。

①勤进管理原则。

勤进管理是加速资金周转，避免商品积压，提高经济效益的重要条件。勤进快销，就是采购次数要适当一些，批量要少一些，采购间隔期要适当缩短。要在采购适销对路的前提下，选择能使采购费用、保管费用最省的采购批量和采购时间，以降低成本，降低商品价格，使顾客能买到价廉物美的商品。勤进快销还要随时掌握市场行情，密切注意销售去向，勤进、少进、进全、进对，以勤进促快销，以快销促勤进，不断适应消费需要，调整更新商品结构，力求加速商品周转。在销售上，供应要及时，方式要多样，方法要灵活，服务要周到，坚持薄利多销。

②以销定进原则。

以销定进的原则，是按照销售状况决定采购。通常，计算定货量，主要有以下参数。

$$日平均销售量（DMS）=昨日的 DMS×0.9+当日销售量×0.1$$

建议订货量：日平均销售×（距下次定货量天数+下次交货天数+厂商交货前置期+商品安全天数+内部交货天数）-已订货未交量-库存量

$$最小安全库存量=陈列量+日平均销售量×商品运送天数$$

订货量是一个动态的数据，根据销售状态的变化（季节性变化、促销活动变化、供货厂商生产状况变化、客观环境变化）决定订货量的多少，才能使商品适销对路，供应及时，库存合理。

③以进促销原则。

以进促销原则是与以销定进相联系的，单纯地讲以销定进，进总是处于被动局面。因此，扩大采购来源，积极组织适销商品，能主动地促进企业扩大销售，通过少量采购试销，刺激消费，促进销售。

④保管保销原则。

销售企业要保持一定的合理库存，以保证商品流通连续不断。

（2）商品购进原则。

采购的原则除了要求购进的商品适销对路外，还要保质保量。生产企业实行质量三包——包修、包退、包换，经营企业要设专职检验部门或人员，负责购进商品的检验工作，把住质量关。除此之外，购进还应遵循以下原则。

①积极合理地组织货源，保证商品适合用户的需要，坚持数量、质量、规格、型号、价格全面考虑的购进原则。

②购进商品必须贯彻按质论价的政策，优质优价，不抬价，不压价，合理确定商品的采购价格；坚持按需采购、以销定进；坚持"钱出去、货进来、钱货两清"的原则。

③购进的商品必须加强质量的监督和检查，防止假冒伪劣商品进入企业，流入市场。在商品收购工作中，不能只重数量而忽视质量，只强调工厂"三包"而忽视产品质量的检查，对不符合质量标准的商品应拒绝收购。

④购进的商品必须有产品合格证及商标。实行生产认证制的产品，购进时必须附有生产许可证、产品技术标准和使用说明。

⑤购进的商品必须有完整的内、外包装，外包装必须有厂名、厂址、产品名称、规格型号、数量、出厂日期等标志。

⑥要求供货单位按合同规定按时发货，以防应季不到或过季到货，造成商品缺货或积压。

## 二、汽车配件进货质量的把关

### (一) 汽车配件货源质量的鉴别

(1) 货源鉴别的常用工具。

汽车配件质量的优劣关系到销售企业的经营大计。但汽车配件产品涉及范围广泛,要对全部零配件作出正确和科学的质量结论,所需的全部测试技术是中、小型汽配销售企业难以办到的。因此,要根据企业的实际情况,添置必备的技术资料和通用检测仪具,例如所经营的主要车型的主机厂的图样或汽车配件目录、各类汽车技术标准等,这些资料都是检验工作的依据。此外,购置通用量具,如游标卡尺、千分尺、百分表、千分表、量块、V形架、平板、粗糙度比较块、硬度计等,以具有一般通用检测能力。

(2) 汽车配件质量的鉴别方法。

由于汽车配件销售企业经营的车型较多、品种复杂,例如仅一个东风车型的维修配件品种就不下 2000 种,需测试的技术项目更是无法统计,所以销售企业的检验人员虽不同于生产厂单品种的检验人员那样精专,但知识面应更宽一些,要熟悉汽车结构及常用制造工艺和材质等知识,能正确运用检验标准,凭多年积累的经验鉴别汽车配件质量。

鉴别汽车配件质量的方法可以概括为"13 看",具体内容如下:

①看包装。从包装上识别假冒伪劣零配件并不容易,因为高明的造假者往往以假乱真,而且产品种类层出不穷。但是,如果仔细观察,还是可以对低劣假冒配件加以分辨。一般来说,原厂配件包装比较规范,统一标准规格,印字字迹清晰正规,包装盒上字迹清晰,套印色彩鲜明,标有产品名称、规格型号、数量、注册商标、厂名、厂址以及电话号码等,有合格证和检验员章,有的厂家还在配件上打上厂家的标记。一些重要部件和总成类,如传感器、点火控制模块、发电机等,出场时一般带有说明书、合格证,以指导用户使用、维修及安装,若无这些多为假冒伪劣产品。

②看外表。合格的零配件表面,印字或铸字及标记清晰正规,既有一定的精度又有一定的粗糙度,越是重要的零配件,精度越高,包装防锈防腐越严格。选购时若发现配件有锈蚀斑点或橡胶龟裂、失去弹性,或轴颈表面有明显车刀纹路,应予退还。还要注意零配件几何形状有无变形。有些零件因制造、运输、存放不当易变形。

③看材料。正宗产品的材料是按设计要求采用的优质材料,而伪劣产品多用廉价低劣的材料,汽车配件在存放中,由于材料本身材质、存储环境、存储时间等原因,容易引起干裂、氧化、变色、老化等物理现象。如果经销商售卖的零件上有锈蚀斑点,橡胶件上出现龟裂、老化现象,结合处有脱焊、脱胶现象,这样的配件多半有问题,要谨慎购买。

④看油漆。不法商人将废旧配件经简单加工,如拆、装、拼、凑、刷漆等处理,再冒充合格品出售,拨开表面油漆后则能发现旧漆。

⑤看工艺。低劣产品外观有时虽然不错,但由于制作工艺差或故意漏减工艺工序,

其机械性能下降，容易出现裂纹、砂孔、夹渣、毛刺或碰伤。如汽缸垫挤压变形，使用时容易引起密封不严而烧蚀，导致漏油、漏气和漏水等现象。

⑥看非使用面的表面伤痕。从汽车配件非使用面的伤痕，也可以分辨是否是正规厂生产的产品。

⑦看"松动"。有两个或两个以上零件组合成的配件，零件之间通过压装、胶接或焊接而成，不允许有松动的现象。

⑧看装配记号。为保证配件的装配关系符合技术要求，一些正规零件表面刻有装配记号，比如正时齿轮记号、活塞顶部标记、液压阀箭头标记等装配标记，用来保证机件正确安装，若无记号或记号模糊则无法辨认，将给装配带来很大困难，甚至装错。

⑨看缺漏。正规的总成部件必须齐全完好。一些总成件上的小零件漏装则可能是假冒伪劣产品，容易给装车造成困难。甚至可能因个别小配件短缺，造成整个总成部件报废。

⑩看保护层。一般来说，为了便于保管，防止零件磕碰，大多数汽车零件部件出厂前都涂有保护层。如活塞销、轴瓦用石蜡保护；活塞环、气缸套表面涂防锈油，并用包装纸包裹；气门、活塞等浸防锈油后用塑料袋封装或者用包装纸包裹。而假冒伪劣配件生产厂家由于生产工艺相对粗糙，通常不太注意一些细节上的处理，选购时若发现密封套破损、包装纸丢失，防锈油或石蜡流失，那么这些商品即便不是假冒伪劣产品，也是损坏产品，应慎买为妙。

⑪看证件。一些重要部件，特别是总成类，比如传感器、点火器、发电机等，出厂时一般要带有说明书、合格证，以指导用户安装、使用和维护。

⑫看规格。大多数汽车配件都有规定的型号和技术参数。例如选购电气设备时，应注意检查与被换零件的电压是 12V 还是 24V，功率、接口是否一致，规格型号是否符合使用要求。选购汽车配件时要查明其主要技术参数，特殊技术要求应符合使用要求。虽然有些外观相差无几，但稍不注意就安装不上，或留下人为的故障隐患。

⑬看商标。要认真查看商标，上面的厂名、厂址、等级和防伪标记是否真实。因为对有短期行为的仿冒制假者来说，防伪标识的制作不是一件容易的事，需要一笔不小的支出。另外作为制造商，正规的厂商在零配件表面印有硬印和化学印记，注明零件的编号、型号、出厂日期，一般采用自动打印，字母排列整齐，小厂和小作坊一般是做不到的。

另外，为提高工作效率和达到择优采购的目的，可以把产品分成以下几种类型进行检验。

①对全国名牌和质量信得过产品基本免检，但名牌也不是终身制，有时也被仿冒，所以应对这些厂家的产品十分了解，并定期进行抽检。

②对多年多批采购并经使用后未发现质量问题的产品，可采用抽检几项关键项目，以检查其质量稳定性。

③对以前未经营过的配件，采用按标准规定的抽检数，在技术项目上尽可能做到全检，以求对其产品质量得出一个全面结论，作为今后采购的参考。

④对以前用户批量退货或少量、个别换货的产品，应采取尽可能全检，并对不合格

部位重点检验的办法。对再次发现问题的，不但拒付货款，还要注销合同，不再合作。

⑤一些小厂产品往往合格率低，而且索赔困难，因此尽量避免采购，如确需采购，在检验时要严格把关。

纯正件与假冒伪劣件的对比案例：

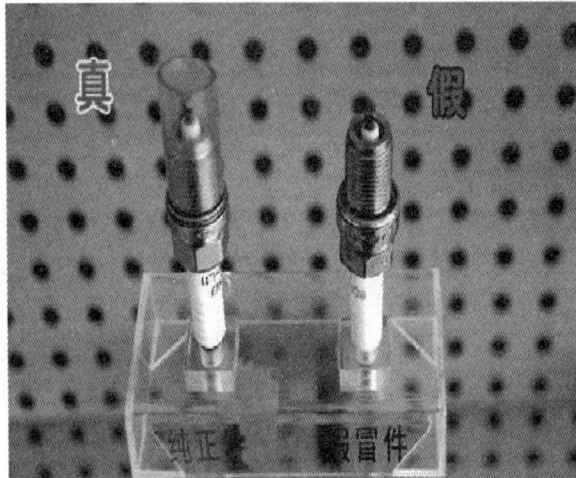

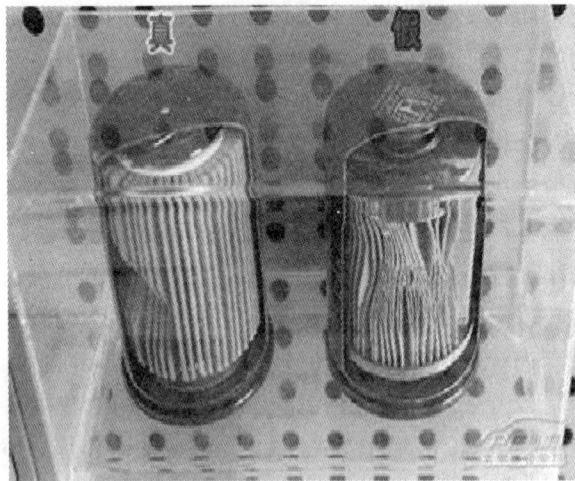

## 三、汽车配件进货程序与采购方式

### （一）进货渠道的选择

汽车配件销售行业的采购除一些小公司外，大都从汽车配件生产厂家采购，在采购渠道的选择上应立足于以优质名牌配件为主，但为适应不同消费者的需求，也可进一些非名牌厂家的产品，可按 A、B、C 顺序选择。

A 类厂是全国有名的主机配套厂。这些厂知名度高，产品质量优，多是名牌产品，这类厂应是采购的重点渠道。其合同签订形式，可采取先订全年需要量的意向协议，以便于厂家安排生产，具体按每季度、每月签订供需合同，双方严格执行。

B 类厂虽生产规模知名度不如 A 类厂，但配件质量还是有保证的，配件价格也比较适中。订货方法与 A 类厂不同，可以只签订短期供需合同。

C 类厂是一般生产厂，配件质量尚可，价格较前两类厂低。这类厂的配件可作为采购中的补缺。订货方式也与 A、B 类厂有别，如签订供需合同的话，合同期应短。

但必须注意，绝对不能向没有进行工商注册、生产"三无"及假冒伪劣产品的厂家订货和采购。

### （二）汽车配件的采购方式

汽车配件销售企业在组织采购时，要根据企业的类型、各类汽车配件的采购渠道以及汽车配件的不同特点，合理安排组织采购。一般有以下 4 种类型。

（1）集中采购。

（2）分散采购。

（3）集中采购与分散采购相结合。

（4）联购合销。

上述几种采购方式各有所长，企业应根据实际情况扬长避短，选择适合自己的采购方式。

### （三）采购量

控制采购量是汽车配件销售企业确定每次采购多大数量为最佳采购量的业务活动，在采购时不能单一考虑节约哪一项费用，必须综合分析，以销定进。

丰田汽车公司推荐采购量计算公式：

采购量＝月均需求×（到货期＋订货周期＋安库存月数）＋客户预订数－在库数－在途数

# 第三节　汽车配件库存管理

配件到货应按规定进行各项检验并验收，对验收结果进行正确的处理，对于合格的配件要放置到合格的地方，并做好入库登记工作。对日常生产中配件的出库，按完整的领用手续，根据要求按照不同的出库方法进行财务核算，能对出入库的配件进行准确的记录存档和科学化管理。

## 一、汽车配件的出入库管理

### (一) 入库的基本作业程序

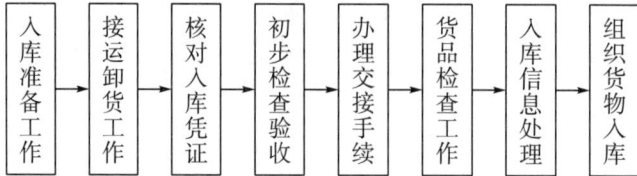

| 入库准备工作 | 接运卸货工作 | 核对入库凭证 | 初步检查验收 | 办理交接手续 | 货品检查工作 | 入库信息处理 | 组织货物入库 |
|---|---|---|---|---|---|---|---|

### (二) 货物验收的基本要求

及时性：要在规定时间内及时将货物验收完毕。

准确性：以货物入库凭证为依据，准确地查验入库货物的实际数量和质量状况，并通过书面材料准确地反映出来。

### (三) 验收流程

(1) 验收准备。

首先熟悉收受凭证及相关订货的资料；准备并校验相应的验收工具，如卡尺、量尺、磅秤等，保证计量的准确；准备堆码、搬运用的搬运设备、工具以及材料；配备足够的人力，根据到货产品数量及保管要求，确定产品的存放地点和保管方法等。

(2) 核对资料。

入库产品应具备下列资料：主管部门提供的产品入库通知单，发货单位提供的产品质量证明资料（一般是产品合格证）；发货单、装箱单、磅码单，承运部门提供的运单及必要的证件。仓库需对上述资料进行整理和核对，无误后即可进行实物检验。

(3) 实物检验。

实物检验包括对产品数量和产品质量两个方面的检验。数量检验是查对到货产品的名称、规格、型号、件数等是否与入库通知单、运单、发货明细表一致。在验收时，仓库应采取与供货方一致的计量方法。质量检验包括对产品的包装状况、外观质量和内在质量的检验。一般仓库只负责包装和外观质量的检验，通过验看外形判断产品质量状况。需要进行技术检验确定产品质量的，则应通知企业技术部门和取样送请专业检验部门检验。

(4) 验收中发现问题的处理。

①收中发现问题以待处理的货物应该单独存放，妥善保管，防止混杂、丢失、损坏。

②误差在规定范围内的，可按原数入账，凡超过规定误差范围的，做好验收记录，与货主一起向供货单位办理交涉手续。凡实际数量多于原来发出数量的，可由主管部门向供货单位退回多发数，或补发货款。在货物入库验收过程中发生数量不符情况，其原

因可能是发货方在发货过程中出现了差错，误发了货物，或者是在运输过程中漏装或丢失了货物等。

③量不符合规定时，应及时向供货单位办理退货、换货交涉，或征得供货单位同意代为修理，或在不影响使用前提下降价处理。货物规格不符或错发时，应先将符合规格的予以入库，规格不符的做成验收记录交给主管部门办理换货。

④证件未到或不齐全时，应及时向供货单位索取，到库货物应作为待检验货物堆放在待验区，待证件到齐后再进行验收。证件未到之前，不能验收，不能入库，更不能发货。

⑤属承运部门造成的货物数量短少或外观包装严重残损等，应凭接运提货时索取的"货运记录"向承运部门索赔。

⑥价格不符时，供方多收部分应予拒付，少收部分经过检查核对后，应主动联系，及时更正。

（四）入库程序

（1）点收大件。

仓库保管员接到进货员、技术检验人员或工厂送货人员送来的配件后，要根据入库单所列的收货单位、品名、规格、型号、等级、产地、单价、数量等各项内容，逐项进行认真查对、验收，并根据入库配件的数量、性能、特点、形状、体积，安排适当的货位，确定堆码方式。

（2）核对包装。

在点清大件的基础上，对包装物上的商品标志和运输标志与入库单进行核对。只有在实物、商品和运输标志、入库凭证相符时，方能入库。同时，对包装物是否合乎保管、运输的要求要进行检查验收，经过核对检查，如果发现票物不符或包装有破损异状时，应将其单独存放，并协调有关人员查明情况，妥善处理。

（3）开箱点验。

出厂原包装的产品抽检数量一般为5％～10％。如果发现包装含量不符或外观质量有明显问题时，可以不受上述比例的限制，适当增加开箱检验的比例，直至全部开箱。新产品入库，则视为全检。对数量不多且价值很高的汽车配件、非原生产厂原包装的或拼箱的汽车配件、国外进口汽车配件、包装损坏或异状的汽车配件等，必须全部开箱点验，并按入库单所列内容进行核对验收，同时还要查验合格证。经全部查验无误后，才能入库。

（4）过磅称重。

凡是需要称重的物资，一律过磅称重，并要记好重量，以便计算、核对。

（5）配件归堆建卡，根据配件性能特点，安排适当的货位。

（6）上账退单。

根据进货单和仓库保管员安排的库、架、排、号，以及签收的实收数量，仓库账务管理人员逐笔逐项登账，并留下入库单据的仓库记账联，作为原始凭证保留归档。另外两联分别退还业务和财务部门，作为业务部门登录商品账和财务部门冲账的依据。

### （五）出库流程及要求

（1）出库流程。

出库凭证审核→出库信息处理→捡货→分货→发货检查→配件装篮→搬运到仓库发料区→发料→出库登记。

（2）出库要求。

汽车配件出库要求做到"三不三核五检查"。

"三不"，即未接单据不登账，未经审单不备货，未经复核不出库。

"三核"，即在发货时，要核实凭证、核对账卡、核对实物。

"五检查"，即对单据和实物要进行品名检查、规格检查、包装检查、件数检查、重量检查。

（3）出库单证流转。

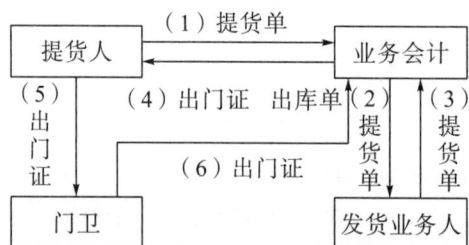

## 二、汽车配件库存管理

（1）库存管理的目标。

保证库存零件品质；

保证安全的工作环境；

提高空间利用率和工作效率；

（2）5S管理。

5S〔整理（SEIRI）、整顿（SEITON）、清扫（SEISO）、清洁（SETKETSU）、素养（SHITSUKE）五个项目，因日语的罗马拼音均以"S"开头而简称5S管理〕管理起源于日本，通过规范现场、现物，营造一目了然的工作环境，培养员工良好的工作习惯，其最终目的是提升企业的品质。

①1S——整理。

定义：将工作场所中的不必要的东西尽快处理掉。

正确的价值意识：使用价值，而不是原购买价值。

目的：腾出空间，使空间得到最大化的利用。

注意点：要有决心，及时处理不用物品。

实施要领：每日全面检查；制定"要"和"不要"的判别基准；及时将不要物品科学的清除出工作场所；根据物品使用频率，决定日常用量及放置位置。

②2S——整顿。

定义：对整理之后留在现场的必要物品分门别类放置，排列整齐并明确数量和有效标识。

目的：整齐的工作环境下使物品一目了然。

注意点：提高工作效率。

实施要领：物品的保管要定点、定量，生产线附近只能放真正需要的物品（放置方法——易取，不超出所规定的范围放置）。

③3S——清扫。

定义：将工作场所清扫干净并保持。

目的：使职场明亮，工作人员提高工作效率。

注意点：责任化、制度化。

实施要领：建立清扫责任区（室内外）；执行例行扫除；调查污染源，予以杜绝或隔离；建立清扫基准，作为规范；开始一次全公司的大清扫，每个地方清洗干净。

④4S——清洁。

定义：将办公场所打扫制度化、规范化。

目的：维持职场干净。

实施要领：制订考评、稽核方法及奖惩制度。

⑤5S——素养。

定义：通过晨会等手段，提高员工文明礼貌水准，增强团队意识，养成按规定行事的良好工作习惯。

目的：提升人的品质，使员工对任何工作都讲究认真。

注意点：长期坚持，才能养成良好的习惯。

实施要领：制订服装、臂章、工作帽等识别标准；制订公司有关规定；制订礼仪守则；教育训练（新进人员强化5S教育、实践）；推动各种精神提升活动（晨会，例行打招呼、礼貌运动等）；推动各种激励活动，遵守规章制度。

（3）库存管理7原则。

①相似零件摆放在一起。

好处：

优化了存储空间；

获得最短的入出库的线路；

避免零件损坏，零件在库质量得到保证；

提高了工作效率。

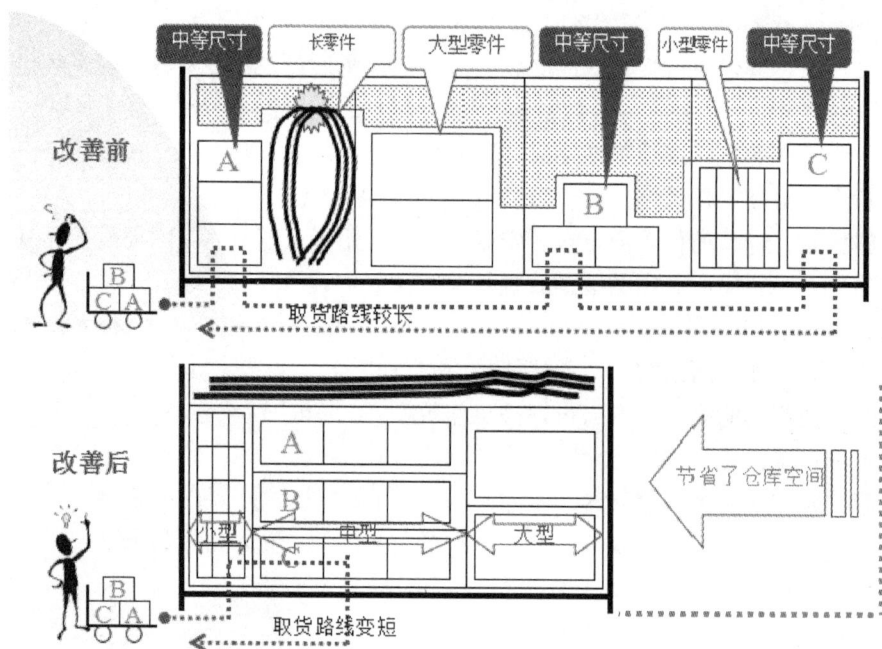

②零件竖直摆放。

好处：

提高入出库效率；

避免零件损坏；

减少浪费空间。

- 竖直放置可以充分利用仓库空间
- 避免由于堆放造成的零件损坏

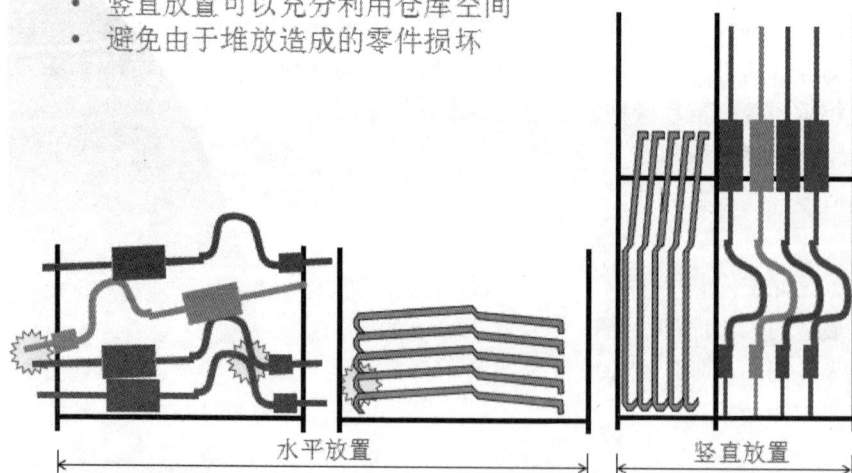

③零件放在伸手可及的区域。

好处：

提高了入出库的效率；

工作环境更加安全；

- 伸手可及可避免了使用不必要的工具（如梯子），也避免了不必要的查找。
- 注意：快流件放在最易拿取的位置。

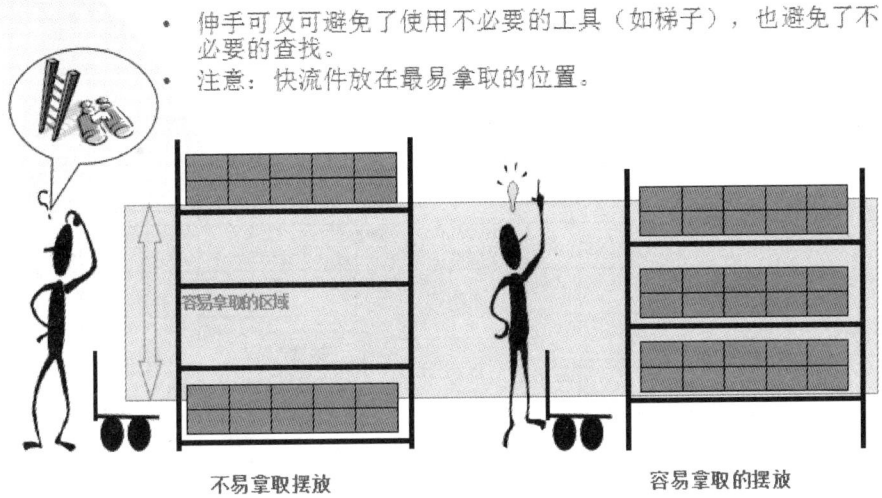

不易拿取摆放　　　　　　　　容易拿取的摆放

④重物放在较低位置，或腰部位置的货架。

好处：

入出库操作更容易；

为员工提供更安全的工作环境，消除了安全隐患。

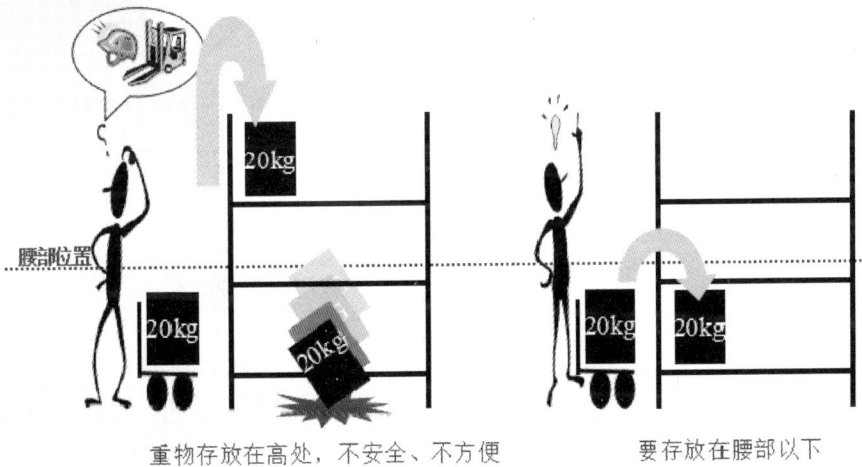

重物存放在高处，不安全、不方便　　　　要存放在腰部以下

⑤每个零件号码要有一个相对应的货位。

好处：

避免入出库操作错误，提高工作效率；

货位号的位数少，更易辨别；

空货位更便于及时利用；

即使不懂零件，也可以简单完成入出库操作。

- 每个位置只能有一个零件号码
- 不要用零件号代替货位号

C01 / 4 / 3

C02 / 4 / 3 / 2

B01 / 1 / 3 / 2

B02 / 4 / 3 / 2 / 1

A01 / 1 / 3 / 2 / 1

A02

A0135

A 02货架

区域号码 A
货架号码 02
层编号 2
货位位置号 4

A0224

2层

4号位

5 4 3 2 1

5 4 3 2 1

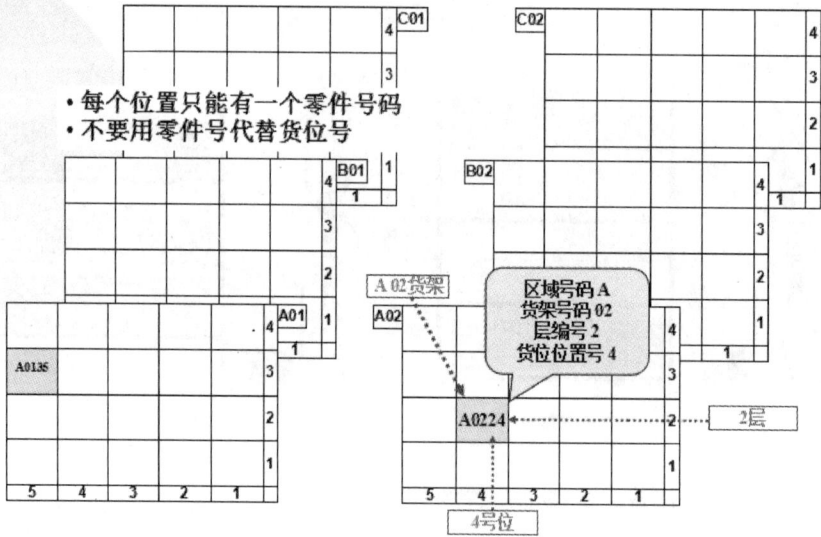

如果想增加或改变一个
新零件号，需调整

xxxxx-xxxx3
新零件号

| 使用零件号码编排 | xxxxx-xxxx1 | xxxxx-xxxx2 | xxxxx-xxxx4 | xxxxx-xxxx5 空货位 | xxxxx-xxxx6 |
|---|---|---|---|---|---|

如果想增加或改变一个
新零件号，不需调整

xxxxx-xxxx3
新零件号

| 使用货位号码编排 | A0121 xxxxx-xxxx1 | A0122 xxxxx-xxxx2 | A0123 xxxxx-xxxx4 | A0124 xxxxx-xxxx5 空货位 | A0125 xxxxx-xxxx6 |
|---|---|---|---|---|---|

按零件号码排序，连续号码
的零件会有不同大小

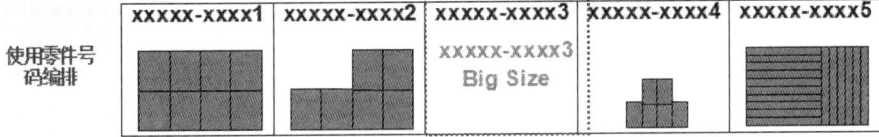

使用零件号
码编排

按零件尺寸和重量摆放，才能获得更合理效果

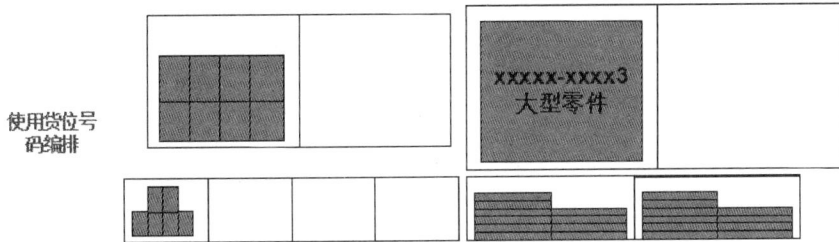

使用货位号
码编排

零件号排序

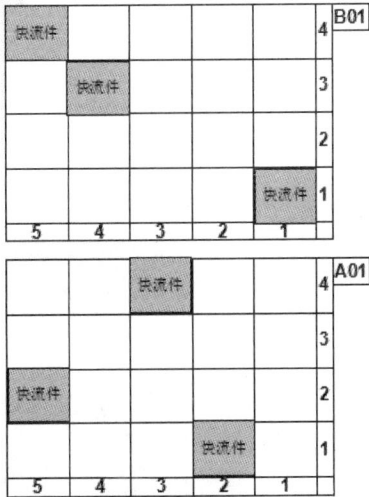

货位号排序

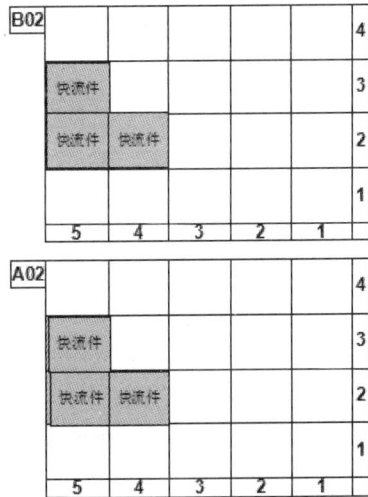

快流件可能存在货架每个角落

零件柜台

可以随意调整快流件的摆放位置

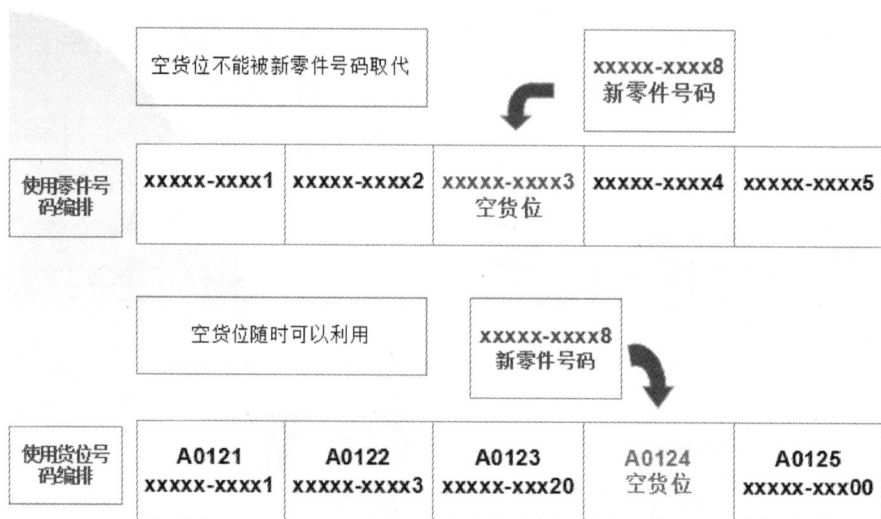

⑥可视化的异常零件数量管理。

好处：

可视化管理异常数量货位，可以及时发现异常零件，避免库存积压；

容易发现异常状况；

通过可视化管理，可以及时发现并改善导致异常的原因。

⑦根据零件流动率确定零件存放位置。

好处：

提高出库效率；

管理快流件更便捷；

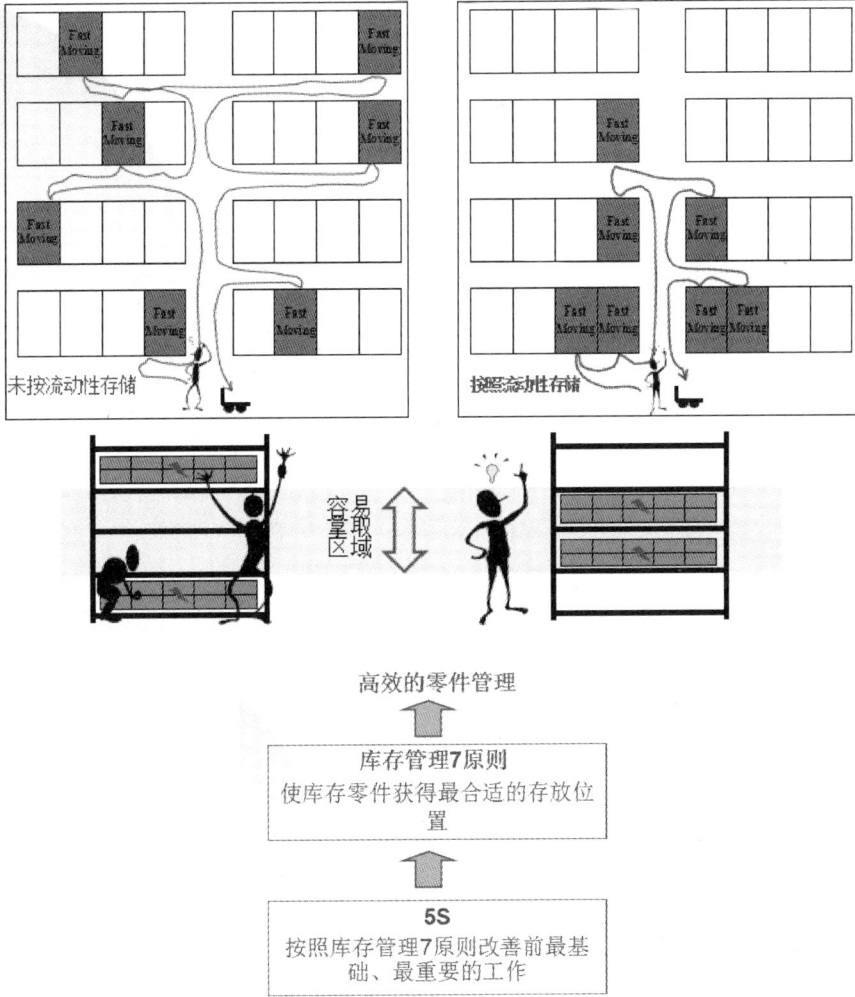

未按流动性存储　　　　按照流动性存储

易取域
容置区

高效的零件管理

库存管理7原则
使库存零件获得最合适的存放位置

5S
按照库存管理7原则改善前最基础、最重要的工作

**习题:**

一、单项选择题

1. VIN 码中不包含哪三个英文字母。(　　)

A. IOV　　　　　　　　B. IOQ　　　　　　　　C. IQV

2. VIN 码由三个部分组成:第一部分,世界制造厂识别代码(WMI);第二部分,车辆说明部分(VDS);第三部分,_____(VIS)。(　　)

A. 车辆指示部分　　　　B. 车辆信息部分　　　　C. 车辆性能部分

3. VIN 码的第一位是生产国家代码,字母 Y 代表的生产国家是_____。(　　)

A. 日本　　　　　　　　B. 美国　　　　　　　　C. 瑞典

4. 库存成本包括了订购成本和_____成本。(　　)

A. 运输　　　　　　　　B. 资金　　　　　　　　C. 储存

5. 汽车配件质量的鉴别方法可以概括为"13 看",下列不属于"13 看"的是(　　)

A. 看包装　　　　　　　B. 看材料　　　　　　　C. 看价格

6. 生产企业实行质量三包，下列不属于质量三包的是（　　）

A. 包修　　　　　　　B. 包送　　　　　　　C. 包换

7. 不属于表面处理工艺的是（　　）

A. 电镀工艺　　　　　B. 油漆工艺　　　　　C. 组装工艺

8. 配件在仓库中至少有两次或_____以上的搬运。（　　）

A. 一次　　　　　　　B. 两次　　　　　　　C. 三次

9. 先进先出法是_____的计价方法之一。（　　）

A. 存货　　　　　　　B. 出货　　　　　　　C. 进货

10. 开展5S管理容易，但长时间的坚持必须靠_____的提升。（　　）

A. 管理　　　　　　　B. 习惯　　　　　　　C. 素养

11. 配件仓库摆放要求常用配件应放在最易存放的地方是货架的_____（　　）

A. 上层　　　　　　　B. 中层　　　　　　　C. 下层

12. 4S店是一种以"四位一体"为核心的汽车特许经营模式，包括整车销售（Sale）、零配件（Sparepart）、售后服务（Service）和_____（Survey）等。（　　）

A. 信息反馈　　　　　B. 电话回访　　　　　C. 保险销售

13. 仓库的功能主要是存放和_____物品。（　　）

A. 销售　　　　　　　B. 保护　　　　　　　C. 收藏

14. 要适应仓储企业生产流程，有利于仓储企业生产正常进行，应选择_____运距。（　　）

A. 最短的　　　　　　B. 适中的　　　　　　C. 最长的

15. 料位码的编排基于_____系统。（　　）

A. 一点　　　　　　　B. 两点　　　　　　　C. 三点

16. 不属于汽车商品销售类别的是（　　）

A. 整车销售　　　　　B. 汽车配件销售　　　C. 汽车改装

17. 普通经销商一般采用_____品牌结合销售的模式。（　　）

A. 多种　　　　　　　B. 两种　　　　　　　C. 一种

18. 销售价格等于成本加上_____。（　　）

A. 运输成本　　　　　B. 储存成本　　　　　C. 毛利

二、判断题

1. 汽车上不易损坏的配件称为保安件。（　　）

2. 汽车原厂件是指专业配件厂家生产的配件。（　　）

3. VIN码又称为"汽车身份证"，是一辆汽车的唯一标识。（　　）

4. 汽车配件销售企业和所有流通企业一样，存在着企业内部的三大主要环节——进、销、存，即购进、销售、保管。（　　）

5. 库存管理的目标是用户满意和获取利润。（　　）

6. 良性库存，即以最合理的库存最大限度地满足企业的需求。（　　）

7. 汽车配件验收时未将所有包装完全打开进行验收，容易出现点漏或点错零件的情况。（　　）

8. 配件验收合格后，可以随时入库。（　　　）

9. 个别计价法的优点是计算发出存货的成本和期末存货的成本比较合理、准确。（　　　）

10. 5S 管理中，清洁的目的是通过制度化来维持成果。（　　　）

11. 通道上绝对不能堆放配件。（　　　）

12. 盘存一般分为每日盘点（一次/每日）及每年盘点（一次/半年或一年）。（　　　）

13. 仓储是社会产品出现剩余后产品流通的产物。（　　　）

14. 配件存储区是仓储的主体部分，是汽车配件储存放置的主要场所。（　　　）

15. 配件存放的最高高度应在不用梯子而手能到达的位置。（　　　）

16. 整车销售是前期环节，是企业实现利润的重要渠道。（　　　）

17. 特许经营的配件销售模式不用受到厂家的监督和管理。（　　　）

18. 一个汽车配件企业可以生产和经营多种产品。这些产品在市场的相对地位以及对企业的贡献大小不同。（　　　）

三、填空题

1. _____是汽车的基本制造单位，它是不可拆卸的整体。

2. 按国家标准设计与制造的，并具有通用互换性的配件称为_____。

3. VIN 码由_____位字符组成，所以又俗称十七位码。

4. 良性库存的实现：一是提高零件供应率，二是减少库存、_____。

5. 汽车配件市场调查的方法可以分为间接调查法和_____调查法。

6. 供货商的选择主要从价格和费用、产品质量、交付情况和_____4 个方面进行评价。

7. 在验收时，仓库应采取与_____一致的计量方法。

8. 在汽车配件堆码的实际操作中，贴有"标签"的物品，"标签"应向外与通道_____。

9. 仓库管理员发货时，应根据入库日期按照_____原则进行操作。

10. 5S 概念起源于日本，通过规范场地、物、人，营造良好的工作环境，培养员工良好的工作习惯，其最终目的是提升人的品质和_____。

11. 密封法防锈蚀分为干燥空气封存法和_____封存法。

12. 配件库存盘点账物不符结果有两种：_____和盘盈。

13. 储存和保管货物要根据货物的_____选择相应的储存方式。

14. 从仓库不安全的因素及危害程度来看，_____造成的损失最大。

15. 货架号编排顺序分为从左到右法和_____。

16. 汽车配件销售是为了最大限度满足汽车用户的市场需要，达到企业经营目标的一系列活动，其核心思想就是_____。

17. 普通经销商的这种模式主要适用于_____经营。

18. 汽车配件产品的种类繁多，因此，所采取的促销方式和策略，应根据市场的不同而_____变化。

四、简答题

1. 汽车配件的含义是什么？

2. 汽车配件的特点有哪些？

3. VIN 码的应用有哪些？

4. 当今困扰汽车配件企业发展的四大问题是什么？

5. 试比较定性、定量预测方法的优缺点。

6. 采购管理原则有哪些？

7. 汽车配件验收流程是什么？

8. 配件入库相关流程有哪些？

9. 汽车配件出库要求做到"三不三核五检查"，请说出"三不三核五检查"的内容是什么。

10. 零件库存过高会造成什么影响？

11. 零件库存过低会造成什么影响？

12. 配件盘存的内容包括哪些？

13. 仓储的社会功能应从哪三方面理解？

14. 配件仓储防护措施主要有哪些？

15. "三点系统"的作用主要有哪些？

16. 汽车配件销售有哪些特点？

17. 特许经营具备哪些特点？

18. 促销活动有哪些重要作用？

# 参考文献

[1] 刘军. 汽车电商市场营销全程通 [M]. 北京：化学工业出版社，2016.

[2] 陈晓颖. 网上赚钱完全手册 [M]. 北京：清华大学出版社，2013.

[3] 韩布伟. 不懂运营，你怎么开公司 [M]. 北京：清华大学出版社，2016.

[4] 叶蓉. 大学生职业指导 [M]. 北京：高等教育出版社，2013.

[5] 刘涛. 淘宝、天猫电商运营百科全书 [M]. 北京：电子工业出版社，2016.

[6] 崔恒华. 网店推广、装修、客服、运营一本通 [M]. 北京：电子工业出版社，2014.

[7] 彭朝晖. 汽车配件管理与营销 [M]. 北京：人民交通出版社，2011.